IMPRIMATUR

Rodez, 6 octobre 1904.

VERDIER, *vic. gén.*

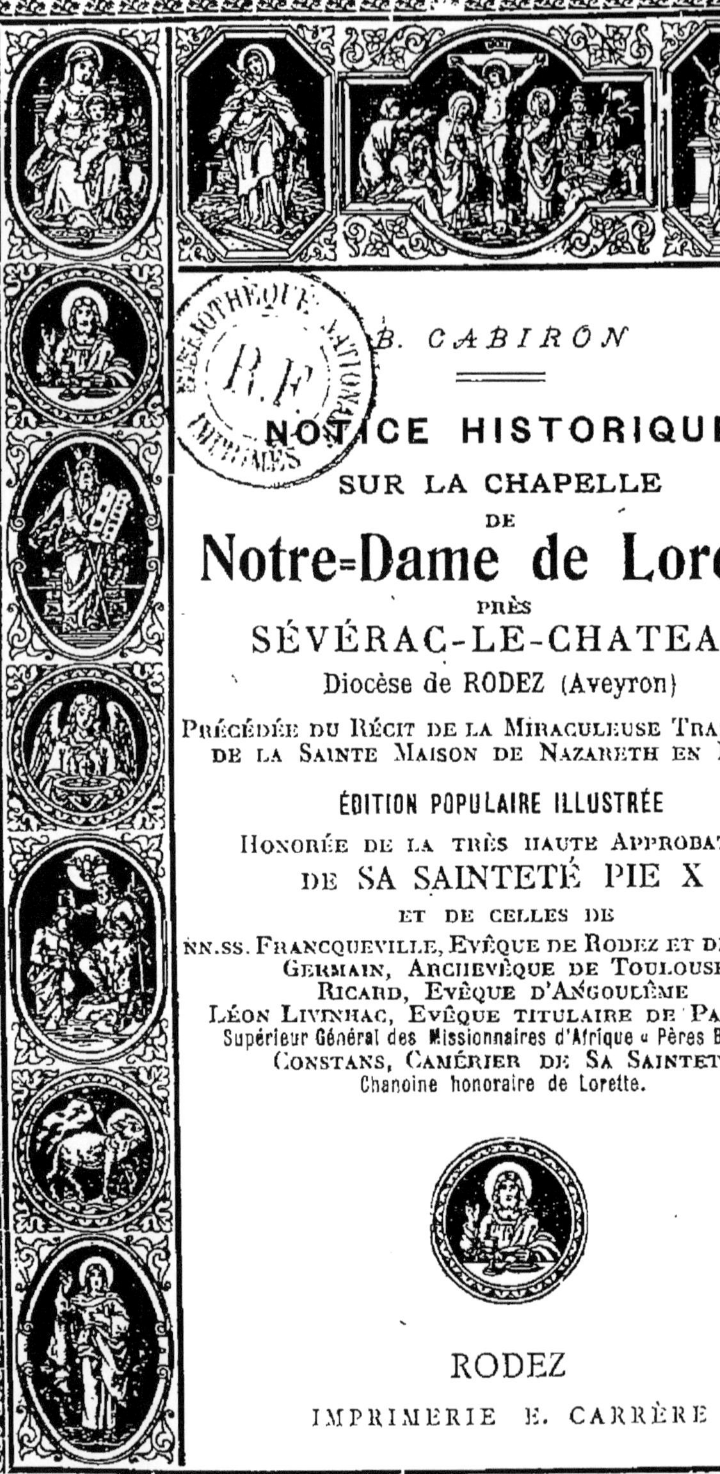

B. CABIRON

NOTICE HISTORIQUE SUR LA CHAPELLE DE Notre-Dame de Lorette PRÈS SÉVÉRAC-LE-CHATEAU

Diocèse de RODEZ (Aveyron)

PRÉCÉDÉE DU RÉCIT DE LA MIRACULEUSE TRANSLATION DE LA SAINTE MAISON DE NAZARETH EN ITALIE

ÉDITION POPULAIRE ILLUSTRÉE

HONORÉE DE LA TRÈS HAUTE APPROBATION
DE SA SAINTETÉ PIE X
ET DE CELLES DE
NN.SS. FRANCQUEVILLE, EVÊQUE DE RODEZ ET DE VABRES
GERMAIN, ARCHEVÊQUE DE TOULOUSE
RICARD, EVÊQUE D'ANGOULÊME
LÉON LIVINHAC, EVÊQUE TITULAIRE DE PACANDO
Supérieur Général des Missionnaires d'Afrique « Pères Blancs »
CONSTANS, CAMÉRIER DE SA SAINTETÉ
Chanoine honoraire de Lorette.

RODEZ
IMPRIMERIE E. CARRÈRE

B. GABIRON

NOTICE HISTORIQUE
SUR LA CHAPELLE
DE
Notre-Dame de Lorette
PRÈS
SÉVÉRAC-LE-CHATEAU
Diocèse de RODEZ (Aveyron)

PRÉCÉDÉE DU RÉCIT DE LA MIRACULEUSE TRANSLATION DE LA SAINTE MAISON DE NAZARETH EN ITALIE

ÉDITION POPULAIRE ILLUSTRÉE

HONORÉE DE LA TRÈS HAUTE APPROBATION
DE SA SAINTETÉ PIE X
ET DE CELLES DE
NN. SS. FRANCQUEVILLE, ÉVÊQUE DE RODEZ ET DE VABRES
GERMAIN, ARCHEVÊQUE DE TOULOUSE
RICARD, ÉVÊQUE D'ANGOULÊME
LÉON LIVINHAC, ÉVÊQUE TITULAIRE DE PACANDO
Supérieur Général des Missionnaires d'Afrique « Pères Blancs »
CONSTANS, CAMÉRIER DE SA SAINTETÉ
Chanoine honoraire de Lorette.

RODEZ
IMPRIMERIE E. CARRÈRE

NOTICE HISTORIQUE
SUR LA CHAPELLE
DE
Notre-Dame de Lorette
PRÈS
SÉVÉRAC-LE-CHATEAU

PROTESTATION

Nous protestons de notre absolue soumission aux décrets du Saint-Siège, spécialement à ceux du pape Urbain VIII, en date du 13 mars 1625 et du 5 juillet 1634.

Si donc il nous arrive d'employer les expressions de *saint*, de *martyr*, de *miracle*, nous déclarons n'entendre ces termes que dans le sens du langage ordinaire, et sans vouloir préjuger en rien les décisions du Siège apostolique, auquel nous sommes entièrement soumise d'esprit et de cœur.

VIRGO LAURETANA

Attesto io sottoscritto Custode della S. Casa di Loreto che il Velo nero sigillato ed annesso a questa mia, è stato indosso il Giovedi e Venerdi Santo alla Sacra Statua Lauretana e poi toccato nelle Sacre Mura e nella S. Scodella della Beatissima VERGINE che si conserva in questa sua Casa.

In fede ecc.

Loreto dalla Custodia questo dì

Il Custode

LITANIE LAURETANE

Kyrie eleison.
Christe eleison.
Kyrie eleison.
Christe audi nos.
Christe exaudi nos.
Pater de Cœlis Deus, miserere nobis.
Fili Redemptor mundi Deus, miserere nobis.
Spiritus Sancte Deus, miserere nobis.
Sancta Trinitas unus Deus, miserere nobis.
Sancta Maria, ora pro nobis.
Sancta Dei Genitrix, ora
Sancta Virgo Virginum, ora
Mater Christi ora
Mater divinæ gratiæ, ora
Mater purissima, ora
Mater castissima, ora
Mater inviolata, ora
Mater intemerata, ora
Mater amabilis, ora
Mater admirabilis, ora
Mater creatoris, ora
Mater Salvatoris, ora
Virgo prudentissima, ora
Virgo veneranda, ora
Virgo prædicanda, ora
Virgo potens, ora
Virgo clemens, ora
Virgo fidelis, ora
Speculum justitiæ, ora
Sedes sapientiæ, ora
Causa nostræ letitiae, ora
Vas spirituale, ora
Vas honorabile, ora
Vas insigne devotionis, ora
Rosa mystica, ora
Turris Davidica, ora
Turris eburnea, ora
Domus aurea, ora
Fœderis arca, ora
Janua Cœli, ora
Stella matutina, ora
Salus infirmorum, ora
Refugium peccatorum, ora
Consolatrix afflictorum, ora
Auxilium Cristianorum, ora
Regina Angelorum, ora
Regina Patriarcharum, ora
Regina Prophetarum, ora
Regina Apostolorum, ora
Regina Martyrum, ora
Regina Confessorum, ora
Regina Virginum, ora
Regina Sanctorum omnium, ora
Regina sine labe originali Concepta, ora
Regina Sacratissimi Rosarii, ora

Agnus Dei, qui tollis peccata Mundi parce nobis Domine.
Agnus Dei, qui tollis peccata Mundi exaudi nos Domine.
Agnus Dei, qui tollis peccata Mundi, Miserere nobis.

Sub tuum praesidium, etc.

V. Angelus Domini HIC nuntiavit MARIÆ.

R. Et concepit de Spiritu Sancto.

OREMUS

Gratiam tuam, quæsumus Domine mentibus nostris infunde: ut qui Angelo nuntiante, Christi Filii tui Incarnationem cognovimus, per passionem ejus et Crucem ad ressurrectionis gloriam perducamur. Per eundem Christum Dominum nostrum.

R. *Amen.*

O Sanctissima Virgo MARIA Mater Dei, Salus omnium in Te sperantium, Fons misericordiae, gratiae et salutis, per ineffabilem gratiam quam accepisti ab Unigenito Filio tuo Domino nostro JESU Christo, quando salutata HIC ab Archangelo Gabriele, et obumbrata virtute Altissimi illum concepisti, ET VERBUM CARO FACTUM EST in Utero tuo purissimo; oro te supplex ne derelinquas me in praesenti necessitate, sed exaudi me, et intercede pro me, o dulcissima Virgo MARIA Mater Dei, et misericordiae. R. Amen.

O Sacrosancta, et inclyta Virgo MARIA, Cœli, et terrae Regina, omnium ad te clamantium Refugium, per illud magnum gaudium quo es consolata, quando in HAC Sancta Domo Creatorem omnium creaturarum in tuo Sancto utero digna fuisti concipere; sis consolatrix famulorum tuorum, et apud eundem tuum, et Dei Natum Unigenitum JESUM Christum humani generis spem, et virtutem Advocata, ut ad Dei voluntatem omnes actus suos dirigant, ab insidiis inimici, et ab omnibus malis liberentur, perpetuae damnationis sententiam evadant, ac cum tuis fidelibus ad aeterna gaudia in Domo Dei feliciter valeant pervenire. R. Amen.

FIRENZE - STAB. C. BORRANI.

APPROBATIONS

N° 8695.

Pregiatíssima Signora,

Sono lieto sinificarle che il Santo Padre ha gradito molto l'omaggio che Ella ha voluto fargli, inviandogli copia del suo opuscolo nella Capella costi eretta in onore della Madona di Loreto. A dar le poi una prova del Suo benevolo gradi mento, la Santita Sua ha impartito a Lei ed ai suo parenti la Benedizione Apostolica.

Con sensi dí distínta stima passo quindi a raffermarmi.

Dj Lei.

Roma, 25 novembre 1904.

Devmo

CARD. MERRY DEL VAL.

Signora Berta CABIRON, Sévérac-le-Château.

*
* *

N° 8695.

A la Très estimée Dame,

Je suis heureux de lui apprendre que le Saint-Père a beaucoup apprécié l'hommage qu'Elle a voulu lui faire par l'envoi de la brochure sur la Chapelle, érigée en ce lieu où on honore la Madone de Lorette. Afin de lui donner une preuve de sa bienveillante satisfaction, Sa Sainteté a accordé pour Elle et pour ses parents la Bénédiction Apostolique.

Avec les sentiments de distinguée estime, je m'empresse de le lui comfirmer.

Rome, le 25 novembre 1904.

Devmo

CARD. MERRY DEL VAL.

Dame Berthe CABIRON, Sévérac-le-Château.

Evêché
de Rodez
et
de Vabres
—

Rodez, le 25 novembre 1904.

Mademoiselle,

J'ai confié votre travail à un examinateur qui m'en a fait un rapport favorable, et ce que j'ai pu en lire, me permet de vous féliciter de la patience de vos recherches et de votre grand esprit de foi.

Il m'est doux d'encourager les personnes pieuses qui concourent par leurs écrits, comme par leurs exemples et leurs œuvres de zèle, à répandre la dévotion dans notre cher Rouergue. Je bénis de tout cœur ce noble apostolat.

Veuillez agréer mes sentiments reconnaissants et dévoués.

† LOUIS-EUGÈNE, *év. de Rodez*,

Archevêché
de
Toulouse
—

Toulouse, le 21 novembre 1904.

Mademoiselle,

Votre notice sur la chapelle de Notre-Dame de Lorette, fruit de vos patientes recherches et de votre piété, est un hommage délicat de votre cœur à la Très Sainte Vierge qui l'aura certainement pour agréable et qui vous bénira.

Elle ne pouvait paraître en meilleure occasion qu'en ce cinquantenaire de l'Immaculée-Conception.

Je crois que dans vos religieuses contrées, dont je n'oublierai jamais la foi ardente et l'âme généreuse, votre ouvrage sera apprécié comme il le mérite, et parce qu'il est de nature à faire du bien, qu'il vous vaudra la reconnaissance de vos compatriotes.

Veuillez agréer, Mademoiselle, l'assurance de mon respectueux dévouement en N.-S.

† AUGUSTIN, *archev. de Toulouse.*

ÉVÊCHÉ
D'ANGOULÊME

—

Angoulême, le 21 novembre 1904.

Mademoiselle,

Je viens de parcourir la pieuse notice que vous venez de composer en l'honneur de Notre-Dame de Lorette.

Je vous dois deux fois mon approbation et mes remerciements : parce que vous glorifiez Marie et parce que vous faites connaître et aimer un de ces nombreux sanctuaires que la piété de nos pères éleva si nombreux sur le sol de notre chrétien et bien-aimé Rouergue.

Ce n'est pas moi qui vous ferai un reproche d'avoir soulevé un voile discret, en racontant le crime dont cette chapelle fut probablement la rançon. Nous voyons du moins, qu'autrefois, quand un crime était commis, on savait noblement le réparer. Aujourd'hui, hélas ! loin de les réparer, on ajoute les crimes aux crimes !

Puisse la Bonne Mère, *Refuge des pécheurs*, *Secours des chrétiens*, désarmer les colères divines que nous accumulons sur nos têtes !

Agréez, Mademoiselle, avec mes bénédictions, mes sentiments bien dévoués en N.-S.

† ERNEST, *év. d'Angoulême.*

---

†
SOCIÉTÉ
DES
MISSIONNAIRES D'AFRIQUE
« Pères-Blancs »

—

Maison Carrée, dép. d'Alger,
7 décembre 1904.

Mademoiselle,

J'ai reçu, il y a une quinzaine de jours, la notice sur Notre-Dame de Lorette que vous avez eu la bonté de m'envoyer et la lettre trop flatteuse pour moi qui l'accompagne.

Si j'ai tant tardé à venir vous exprimer ma gratitude, c'est que j'ai voulu, avant de vous écrire, lire la brochure d'un bout à l'autre. Or mes multiples occupations ne m'ont permis d'arriver à la dernière page qu'aujourd'hui, veille de la fête de l'Immaculée-Conception.

N'ayant jamais étudié à fond la translation miraculeuse de la Santa Casa, et ne connaissant que de nom le sanctuaire de Lorette de Sévérac, ce serait de ma part plus que témérité que d'essayer d'apprécier votre ouvrage. Tout ce que je puis dire, c'est que sa lecture m'a intéressé et édifié.

Il me semble que vous avez, en puisant aux meilleures sources, résumé ce qui a été écrit sur la Maison de la Sainte Famille à Nazareth, sur son transport par les anges, d'abord en Dalmatie, et ensuite dans la Marche d'Ancône, sur le pèlerinage dont ce grand miracle a été l'origine. Vous n'avez pas oublié les imitations que la piété des serviteurs de Marie en a faite, sur divers points de la France, et jusque dans notre cher Rouergue, au sommet du monticule qui se dresse à côté de Sévérac-le-Château.

Vous n'avez rien laissé à dire touchant ce dernier sanctuaire, racontant dans tous leurs détails, son origine, et son histoire jusqu'à la tourmente révolutionnaire qui le profana et le pilla, mais le laissa debout, ce qui a facilité sa restauration à laquelle vous nous faites assister.

Tout cela, vous l'avez écrit en un style simple et noble à la fois, qui respire un amour tendre et une confiance vraiment filiale envers la Mère de Dieu.

Je ne doute donc pas, Mademoiselle, que cette notice ne soit lue avec intérêt et profit par les personnes pieuses et en particulier par les populations si dévouées à Marie des bords de l'Aveyron, et que cette lecture ne leur inspire le désir d'aller prier la Vierge Immaculée dans une chapelle où nos pères éprouvèrent si souvent les effets de sa bonté et de sa puissance.

Puisse du haut de sa riante colline, la Vierge de Lorette étendre son doux empire sur la vallée de l'Aveyron et sur tout le Rouergue et y conserver la foi robuste qui fit la gloire et le bonheur de nos aïeux.

Avec mes plus sincères félicitations, je vous prie d'agréer, Mademoiselle, l'expression de mes sentiments respectueux et dévoués en Jésus et Marie.

† Léon LIVINHAC,
évêque titulaire de Pacando,
missionnaire d'Afrique.

Lettre de Monseigneur Constans,

Camérier de Sa Sainteté,

Chanoine d'honneur de Rodez, Chanoine honoraire de Lorette.

Mademoiselle,

Je joins bien volontiers mon humble approbation aux paroles si flatteuses qu'ont daigné vous écrire, au sujet de votre livre, et Mgr Germain, votre ancien évêque et votre évêque actuel Mgr Francqueville.

Je désire de tout cœur que Dieu bénisse votre travail, que Marie le comble de ses faveurs, et que, grâce à lui, la Santa Casa de Lorette soit plus connue et aimée, et que votre pèlerinage de Sévérac devienne de plus en plus florissant.

Qu'à votre exemple d'autres femmes chrétiennes prennent la plume et chantent Marie et ses bontés, ses prodiges et ses miséricordes !

Que de pages elles pourraient écrire, si elles voulaient s'en donner la peine, pieuses comme les vôtres, instructives comme les vôtres, charmantes comme les vôtres !

Croyez, Mademoiselle, à mes sentiments bien dévoués en N.-S.

H. CONSTANS, *Cam. de S. S.*
Chan. mis. ap.

Sévérac-le-Château, 10 décembre 1904, en la fête de la Translation de la Maison de Lorette.

A la Vierge Marie Immaculée !

L'an 1904 est :

Le cinquantième anniversaire de la proclamation du dogme de l'Immaculée-Conception par l'immortel Pie IX, le 3 décembre 1854.

Le cinquantième anniversaire de la restauration et de la réouverture au culte public, de la chapelle de Notre-Dame de Lorette, près Sévérac-le-Château, diocèse de Rodez (Aveyron), 19 septembre 1854.

Le deux-cent-cinquantième anniversaire de la fondation de cette chapelle par le duc d'Arpajon, 1er novembre 1654.

Le six-cent-dixième anniversaire de la Translation de la Sainte Maison de Nazareth dans la Marche d'Ancône, à Lorette, Italie, 10 décembre 1294.

La première du Pontificat de notre bien-aimé Pontife Pie X.

PRÉFACE

I

Il suffit de jeter les yeux sur les dates qui précèdent pour comprendre comment ce petit livre, si humble et si modeste, acquiert une réelle importance par les dates dont il rappelle et voudrait perpétuer le souvenir.

C'est la coïncidence vraiment merveilleuse de ces anniversaires pour tout dévôt à Marie et à sa Sainte Maison qui en a déterminé la publication.

Ce n'est point un livre littéraire, ni d'érudition ; c'est le simple historique de la fondation de la chapelle de Lorette, près Sévérac-le-Château, en 1654, de sa restauration et de sa réouverture au culte public en 1854, l'année même de la proclamation du dogme de l'Immaculée-Conception, sans qu'il y ait eu rien de prévu en cela.

Cette année 1904, ramenant le cinquantenaire de ces deux dates mémorables ainsi que celle du 250e de la fondation de cette chapelle par le duc d'Arpajon et le 610e de la Translation de la Sainte Maison de Nazareth en Italie 1294, nous nous efforcerons par ce petit livre, de faire revivre ces pieux souvenirs sous les yeux du lecteur ; et nous voudrions que ces vraies noces d'or, et pourrions-nous dire de diamant, laissent dans tous les cœurs une impérissable empreinte de ferveur, d'amour et de générosité envers Marie.

Nous avons fait précéder l'histoire de la chapelle de Lorette, près Sévérac, du récit de la miraculeuse Translation de la Sainte Maison de Nazareth, parce que beaucoup de personnes, d'ailleurs pieuses, ignorent cette Translation, ou du moins les circonstances dans lesquelles elle s'est accomplie, et les principaux faits qui s'y rattachent. Car il n'est pas à la portée de tout le monde de se procurer les ouvrages, souvent très volumineux et très coûteux, où ces faits sont relatés. Ce sera tout à la fois un moyen de rendre *ce récit* populaire et de montrer, en même temps que la puissance de Dieu, combien la divine Providence tient à ce que tout ce qui touche à Marie soit respecté et vénéré.

Il nous a paru que raconter les merveilles du sanctuaire, c'était toujours exalter Marie, et qu'il en rejaillirait sur la chapelle de Lorette, diocèse de Rodez, un plus grand éclat, partant une ferveur plus ardente. Unissons donc nos efforts pour offrir à Marie, dans son humble demeure, un triple hommage d'amour, de louanges et de vénération.

Le lecteur ne doit pas s'attendre à trouver ici

une œuvre de longue haleine. C'est le récit aussi succinct que possible de la translation de la Sainte Maison, puisé dans les auteurs les plus autorisés, que nous avons voulu faire passer sous ses yeux : l'abbé Caillau (Histoire critique et religieuse de Notre-Dame de Lorette), l'abbé Grillot (la Sainte Maison de Lorette), Rorhbacher, les Petits Bollandistes, en ont fourni tour à tour la matière. Parce qu'il nous a paru que le lecteur serait plus satisfait de connaître les faits d'après ces auteurs remarquables, qui eux-même avaient puisé aux sources les plus authentiques, plutôt que de faire un récit plus ou moins arrangé et partant moins intéressant.

La partie qui concerne la fondation de Lorette, près Sévérac, a été établie sur des documents de l'époque souvent cités ; sur les traditions du pays que nous avons soin de distinguer.

Quant à la restauration de la chapelle en 1854, elle est trop rapprochée de nous pour ne pas permettre de la rapporter telle qu'elle a eu lieu, il a suffi de recueillir les souvenirs ou les notes écrites de témoins oculaires encore vivants.

Résumer ces diverses matières en cette date mémorable nous a paru un hommage rendu à la Vierge de Lorette. Puisse-t-elle bénir notre œuvre et nous accorder les grâces que nous sollicitons de sa miséricordieuse bonté.

II

Le vénérable religieux breton Louis-Marie Grignon de Montfort avait au commencement du XVIIIe siècle le pressentiment du réveil religieux auquel nous assistons, malgré tout aujourd'hui et il l'attribuait à Marie. « C'est par la Très Sainte » Vierge, écrivait-il, que Jésus-Christ est venu au » monde, et c'est aussi par elle qu'il doit régner. » C'est pourquoi Dieu veut à présent que sa sainte » Mère soit plus connue, plus aimée, plus honorée » que jamais ; il veut la révéler et la découvrir,

» comme le chef-d'œuvre de ses mains. Marie doit » éclater plus que jamais en miséricorde, en force » et en grâce dans les derniers temps. Si donc, » comme il est certain, le règne de Jésus-Christ » arrive dans le monde, ce ne sera qu'une suite » nécessaire de la reconnaissance et du règne de la » Très Sainte Vierge Marie. »

N'étaient-elles pas doublement prophétiques ces belles paroles du moine breton.

Voici Pie IX qui proclame le dogme de l'Immaculée Conception, et aussitôt la Vierge apparaît à Lourdes, comme pour le ratifier. Et dans son magnifique discours sur les noces d'argent de Notre-Dame de Lourdes, prêché le 16 juillet 1883 devant 30 000 auditeurs, Mgr Besson, évêque de Nîmes, a pu dire : « L'Italie à qui les anges ont porté, » comme en triomphe, la maison de Nazareth, » s'apprête à célébrer le six centième anniver- » saire de cette glorieuse translation, en députant » six de ses évêques pour visiter notre nouveau » Carmel (Notre-Dame de Lourdes) et y déposer » de magnifiques présents. »

Et voilà notre bien-aimé pontife Pie X qui, dans les termes même de sa première Encyclique, prend pour base de son pontificat, ce magnifique programme de rénovation religieuse et sociale : « *Tout restaurer dans le Christ.* » Et si nous rapprochons surtout certains passages de sa belle Encyclique pour le Jubilé, des paroles citées plus haut, n'y trouvons-nous pas une corrélation frappante.

« Le cinquantième anniversaire de l'acte pon- » tifical par lequel fut déclaré sans souillure la » Conception de Marie, doit provoquer au sein du » peuple chrétien d'enthousiastes élans ; la raison » en est surtout dans une nécessité qu'ont exposée » Nos précédentes Lettres Encycliques. Nous vou- » lons dire de *tout restaurer en Jésus-Christ*. Car » qui ne tient pour établi qu'il n'est route ni plus » sûre ni plus facile que Marie, par où les hommes » puissent arriver jusqu'à Jésus-Christ, et obtenir

» moyennant Jésus-Christ cette parfaite adoption » de fils, qui fait saint et sans tache sous le regard » de Dieu ? Certes, s'il a été dit à la Vierge : » Bienheureuse vous qui avez cru, car les choses » s'accomplissent qui vous ont été dites par le Seigneur (Saint Luc), savoir qu'elle concevrait et » enfanterait le Fils de Dieu ; si, conséquemment, » elle a accueilli dans son sein Celui qui, par nature est Vérité, de façon que *engendré* dans un » nouvel ordre et dans une nouvelle naissance... » invisible en lui-même, il se rendit visible dans » notre chair (Saint Léon le Grand). Du moment » que le Fils de Dieu est l'auteur et le consommateur de notre foi, il est de toute nécessité que » Marie soit dite participante des divins mystères, » et en quelque sorte leur gardienne, et que sur » elle aussi, comme sur le plus noble fondement » après Jésus-Christ, repose la foi des siècles.

....

» Qu'il appartienne à la Vierge, surtout à elle, » de conduire à la connaissance de Jésus, et c'est » de quoi l'on ne peut douter, si l'on considère » entre autres choses, que, seule au monde, elle a » eu avec lui, dans une communauté de toit et » dans une familiarité intime de trente années, ces » relations étroites qui sont de mise entre une » mère et son fils. Les admirables mystères de la » naissance et de l'enfance de Jésus, ceux notamment qui se rapportent à son incarnation, principe et fondement de notre foi, à qui ont-ils été » plus amplement dévoilés qu'à sa Mère ? *Elle* » *conservait et repassait dans son cœur* ce qu'elle » avait vu de ses actes à Bethléem, ce qu'elle en » avait vu à Jérusalem dans le temple ; mais initiée encore à ses conseils et aux desseins secrets » de sa volonté, elle a vécu, doit-on dire, la même » vie de son Fils. Non personne au monde comme » elle n'a connu à fond Jésus ; personne n'es » meilleur maître et meilleur guide pour faire connaître Jésus..................................

» Ces principes posés et pour revenir à notre

» dessein, qui ne reconnaîtra que c'est à juste ti-
» tre que Nous avons affirmé de Marie que, com-
» pagne assidue de Jésus, de la maison de Naza-
» reth au plateau du Calvaire, initiée plus que
» tout autre aux secrets de son cœur ; dispensa-
» trice, comme de droit maternel, des trésors de ses
» mérites ; elle est pour toutes ces causes d'un se-
» cours très certain et très efficace pour arriver à la
» connaissance et à l'amour de Jésus-Christ. »

Nous avons voulu reproduire ces admirables conseils de Pie X afin de vous inciter encore davantage à marcher dans la voie que nous trace un si précieux guide. Suivons-le donc tant que nous sommes, dans la mesure de nos faibles forces, et efforçons-nous à sa suite de tout restaurer en nous, dans le Christ par la Très Sainte Vierge Marie.

Puisse ce petit livre la faire mieux connaître et mieux aimer. Nous l'avons déjà dit, ils sont plus nombreux qu'on ne croit ceux qui ignorent la translation en Italie de la Sainte Maison de Nazareth. A plus forte raison, l'existence de la chapelle de Notre-Dame de Lorette, près Sévérac, simple reproduction de la Santa Casa, doit-elle être inconnue. Qu'on ne s'étonne donc pas des développements que nous donnons au sujet de l'un et de l'autre de ces sanctuaires.

Dans ce modeste travail nous nous sommes uniquement encouragée de cette parole de l'Ecclésiastique (XXIV-31) : *qui elucidunt me vitam æternam habebunt.* Ceux qui s'appliquent à me faire connaître auront la vie éternelle.

DÉDICACE
A Sa Sainteté Pie X

TRÈS SAINT PÈRE,

Cette année mémorable, la première de votre pontificat, ramenant aussi le jubilé de l'Immaculée Conception, se trouve encore coïncider avec deux dates non moins précieuses pour la petite chapelle de Notre-Dame de Lorette près Sévérac-le-Château, diocèse de Rodez. Il a paru utile d'en perpétuer le souvenir, par un petit livre, qui rappelle à la fois la fondation de cette chapelle en 1654, de sa restauration en 1854, et qui contienne aussi le récit de la Translation miraculeuse de la Sainte Maison de Nazareth qu'elle représente. Dates coïncidant providentiellement et sans qu'aucune donnée humaine ait pu le prévoir, avec la proclamation du dogme de l'Immaculée Conception, dont nous avons voulu aussi rappeler les fêtes inoubliables en 1854.

Mais pour qu'il produise d'heureux fruits, ce petit ouvrage a besoin d'être béni par Votre Sainteté. Sous votre auguste auspice, nous sommes assurés de son succès et du bien qui en résultera pour la chapelle de Notre-Dame de Lorette près Sévérac.

C'est en même temps une édition populaire de la

Translation de la Sainte Maison de Nazareth que nous avons voulu rendre accessible à tous.

Votre Sainteté, à ces considérations, voudra bien nous pardonner notre audace de lui dédier ce petit opuscule ainsi que d'avoir placé en tête une grande partie de son admirable encyclique sur Marie Immaculée.

Nous nous sommes autorisée de cette pensée que ce triple anniversaire sera dorénavant étroitement lié et ramènera à travers les âges, celui de votre élévation sur la chaire de Saint-Pierre, et qu'à cette occasion, votre indulgente bienveillance, si populaire d'ailleurs, nous serait d'autant plus acquise.

Daignez, Très Saint Père, agréer ce petit travail comme un hommage de notre respect et de notre amour filial et nous permettre de solliciter encore de Votre Sainteté deux faveurs extrêmement précieuses : pour Notre-Dame de Lorette de Sévérac son prochain couronnement et *son affiliation* à Notre-Dame de Lorette d'Italie ; et votre paternelle bénédiction pour nous et tous les nôtres.

Je suis, de Votre Sainteté, Très Saint Père, la très humble et très obéissante servante

Berthe CABIRON.

Sévérac-le-Château, en la fête de l'Assomption de la Très Sainte Vierge, 15 août 1904.

NOTICE HISTORIQUE
SUR LA
Chapelle de N.-D. de Lorette

Située sur la paroisse de SÉVÉRAC-LE-CHATEAU
Diocèse de RODEZ (Aveyron)

INTRODUCTION

I

La Sainte Vierge a toujours su inspirer pour ses sanctuaires de prédilection, le choix d'un site vraiment royal.

C'est aussi, dit un écrivain, une admirable inspiration et une sublime beauté du christianisme que de consacrer les plus remarquables d'entre eux, par quelque touchant scène de son histoire, comme pour montrer à l'homme, que tout ce qu'il y a de glorieux et de beau dans le monde nous vient de Dieu par Marie. Ainsi la poésie se joint à la tradition pour impressionner vivement quiconque est capable de comprendre et de sentir les grandes harmonies de la nature.

Le pieux visiteur de Notre-Dame de la Garde à Marseille ; de Notre-Dame de France au Puy ; de Notre-Dame de Fourvières à Lyon ; ne jouit-il pas d'un spectacle à la fois grandiose et imposant ?

Le pèlerin de Notre-Dame de la Salette, de Notre-Dame de Bétharam, de Notre-Dame de Lourdes ne se trouve-t-il pas ravi à la vue du pittoresque panorama alpestre ou pyrénéen ?

Et l'étranger qui arrive à Notre-Dame de Lorette en Italie, n'a-t-il pas sur la sainte colline, un horizon de beauté et de richesse incomparables ?

A son tour, le pèlerin de Terre-Sainte ne se sent-il pas comme transporté et électrisé au sommet du Mont-Carmel ? (1)

Eh bien ! même pour quiconque a contemplé ses indescriptibles splendeurs, il est encore réservé de bien agréables surprises, et de bien douces émotions sur la colline où est gracieusement posée, comme la colombe dans le creux du rocher, la chapelle de Notre-Dame de Lorette, près Sévérac-le-Château.

Ce site du reste est admirablement choisi pour favoriser la piété et inspirer le recueillement.

Le monticule, assez haut pour se rapprocher du Ciel, et s'isoler des bruits de la vallée, s'élève doucement au milieu d'un cirque environné de collines à peu près semblables.

Le sanctuaire qui couronne le sommet rappelle involontairement, par ses dispositions extérieures, les trois demeures que saint Pierre voulait construire sur le Thabor.

On y accède par un chemin contournant, assez raide, mais court. Une fois arrivés sur le plateau, les pèlerins, après avoir satisfait leur dévotion, peuvent se reposer et jouir d'un coup d'œil ravissant.

Au nord, tout au haut d'un rocher inaccessible, s'élevait autrefois le château de Sévérac, avec sa triple enceinte, ses ponts levis et ses antiques tours,

(1) C'est sur le mont Carmel qu'Isaïe eut dans la nue la vision symbolique de Marie. Les premiers solitaires chrétiens honoraient spécialement Marie aux grottes du Carmel. Les Carmes sont les religieux les plus anciennement voués à Marie. Elle leur a confié le scapulaire. Et c'est à eux aussi que le pape Sixte IV confia la garde de la Santa Casa à Lorette.

servant d'encadrement à des jardins suspendus et à des constructions successives plus modernes, richement ornées par la Renaissance.

L'église dédiée à saint Jean-Baptiste était construite sur la partie la plus élevée du plateau, et sa flèche rivalisait de hauteur avec une grosse tour à sept étages, hérissée de canons et dominant de ces feux plongeants toute la vallée. Mais cette artillerie ne devait pas toujours verser la mort ; son rôle était fini sitôt après les guerres de religion, et si encore on l'entendit tonner, ce ne fut plus que pour participer aux réjouissances publiques, ou annoncer les fêtes de Notre-Dame de Lorette.

Au pied du château, la petite ville de Sévérac, autrefois place forte, renfermée dans ses murs d'enceinte, et semblable à un camp retranché, vivait en paix sous le haut patronage de son seigneur.

Aujourd'hui, ces épaisses murailles ont été percées et transformées en maisons d'habitation ; et la population augmentant chaque jour a dû forcer les portes, pour échelonner ses constructions le long de la route (autrefois les Douves) et se continuer en deux longs faubourgs, placés presque en demi-cercle de chaque côté de la pente. Celle ci s'adoucit graduellement jusqu'à arriver dans une dernière ondulation a travers de beaux jardins et de vastes prairies jusqu'au pied du coteau de Lorette.

A quelques centaines de pas, on voit le modeste Aveyron, sortant paisiblement de ses sources, donner le mouvement aux moulins qui déjà nombreux lui barrent le passage, contourner la Sainte Montagne du côté du sud, pour se répandre avec lenteur dans la belle vallée qui s'étend de l'est à l'ouest, de Sévérac à Laissac et de Laissac à Rodez, la plus riche et la plus variée de notre département.

Du jour où a été bâtie, à la base de la colline de Lorette, l'importante gare du chemin de fer du Midi ; Rodez, Millau, Marvejols, Mende, cités les plus voisines, viennent là, converger tous les jours ; et des centaines de voyageurs et de touristes, peuvent saluer au bruit strident et sans cesse renouvelé du départ et de l'arrivée des trains, la Reine incontestée de nos Causses, vraie patronne des voyageurs.

La situation très centrale et unique de Lorette, ayant la gare à ses pieds ; l'heure des trains qui correspond parfaitement pour favoriser le pèlerinage ; son site vraiment ravissant, tout concourt pour en faire le lieu le plus favorable à de pieuses manifestations. L'arrivée des trains de Rodez, Millau, Mende, entre 6 et 8 heures du matin, permet d'arriver à une heure propice pour y entendre la messe ; leur départ deux fois répété sur chaque ligne entre 11 h. 30 et 2 h. 30 et entre 7 et 8 heures du soir permet aussi à chacun de choisir son heure après avoir satisfait sa dévotion et même son goût d'excursion en y consacrant soit une demie journée, soit la journée entière.

Aussi ce lieu de pèlerinage, autrefois si fréquenté, a retrouvé comme un nouveau prestige. Ce ne seront plus désormais les seules paroisses voisines qui garderont le privilège de leurs pieuses visites. Il n'y aura plus, dans le vaste rayon environnant, de vrais dévots à Marie qui n'aient à cœur d'aller vers son sanctuaire contempler la fidèle reproduction de la sainte maison de Nazareth. Car la voix de Dieu en faveur de l'humble Vierge qui l'habita pendant trente ans avec le divin Enfant et saint Joseph se fera de plus en plus entendre des multitudes.

II

Quelques conseils pratiques sont nécessaires aux pèlerins de Notre-Dame de Lorette, soit qu'ils s'y rendent isolément, soit qu'ils voyagent en commun. Comme la chapelle se trouve hors Sévérac, et tout à fait isolée quoique à brève distance, tout groupe ayant projeté le pèlerinage devra préalablement en informer le curé de la paroisse. La chapelle étant

Sévérac-le-Château.

fermée à clef, on n'y laisse pas non plus séjourner les vases sacrés. De même une famille qui voudrait y entendre la sainte Messe devra à plus forte raison s'assurer d'avance le concours d'un prêtre.

Enfin, tout voyageur qui, n'importe quel jour de passage à Sévérac voudrait simplement visiter la chapelle sera sûr de trouver dans la localité un guide sûr et complaisant. La ville, d'ailleurs toujours accueillante aux étrangers, aime de prédilection ce ravissant sanctuaire de sa banlieue.

Le pèlerin de Lorette devra dans la journée monter aux ruines de l'antique château qui fut la demeure du fondateur de Lorette. Il sera d'ailleurs dédommagé de sa peine par le splendide panorama qui se déroulera de tous côtés à ses regards, très étendu surtout du côté de Rodez, où, par un temps clair et avec une bonne lorgnette marine, on peut apercevoir, comme un point microscopique, la vierge placée au sommet du clocher de la Cathédrale. Ce détail explique facilement la tradition d'après laquelle l'évêque de Rodez et le seigneur du château de Sévérac se saluaient réciproquement la nuit de Noël, au moyen de phanaux allumés aux sommets du clocher de Rodez et de la plus haute tour du château de Sévérac.

Mais ces hautes murailles et ces tours formidables n'ont plus rien à cette heure de leur antique splendeur. Les ruines encore imposantes résistent à l'action dissolvante du temps pour redire aux âges futurs le passé glorieux du manoir, son ancienne puissance et les nombreux assauts qu'il a du subir.

La visite se poursuivra dans l'église paroissiale du Saint-Sauveur pour y prier devant la statue de la Vierge qui était primitivement, dit-on, vénérée sur la sainte colline et que l'on distingue sans peine à sa couleur noire, dans une niche à la hauteur du mur de la deuxième chapelle à droite dédiée à Notre-Dame de Lorette.

Avant de sortir, il s'arrêtera un instant devant la première chapelle située aussi à droite, dédiée à

Notre-Dame de Pitié et de la Bonne Mort. Un groupe antique représente Marie, la Mère de douleurs, assise sur le tombeau qui est l'autel, tenant sur ses genoux le corps inanimé et meurtri du Sauveur. Cette contemplation muette laisse dans l'âme une empreinte inexprimable de pitié, d'amertume et de compassion !

Notons ici ce que la tradition rapporte à ce sujet. En 1793, lors de la tourmente révolutionnaire durant laquelle tant d'églises furent dévastées, l'église Saint-Sauveur de Sévérac aurait subi le même sort sans l'intervention puissante et en quelque sorte miraculeuse de Notre-Dame de Pitié.

Un jour, durant cette terrible époque, un groupe composé de quatre hommes et de quatre femmes vociférant et gesticulant, armés d'outils, se dirige vers l'église. Aussitôt le bruit se répand, rapide comme l'éclair, que l'affreuse bande, sur les intentions de laquelle on ne pouvait se méprendre, allait saccager l'église.

A son tour un groupe de pieuses femmes, craintives mais voulant néanmoins voir ce qui va se passer, suit de loin les énergumènes. Elles approchent timidement sur le seuil de la porte de l'église, mais n'osent avancer plus loin. De là du reste, dominant la nef (l'escalier qui y conduisait avait alors 8 ou 10 marches), elle peuvent se rendre un compte exact de ce qui se produit à l'intérieur.

Les malfaiteurs se dirigent d'abord vers la première chapelle, à droite, celle de Notre-Dame de Pitié. L'un d'eux pour commencer l'œuvre de dévastation, porte un coup de marteau, un seul, sur le pied de la statue. Il est aussitôt renversé, se tordant dans d'affreuses douleurs. La bande infernale s'arrête, saisie d'une véritable terreur et a assez à faire pour transporter chez lui et soigner le misérable qui a osé porter une main sacrilège sur la vénérable statue.

Ainsi fut arrêté le saccage de l'église, nul n'osa plus entreprendre de le continuer. Ce fait nous a été maintes fois rapporté et certifié, de façon catégorique, par diverses personnes très dignes de foi, le tenant de témoins oculaires. L'une d'elles était la petite-fille de l'une des pieuses femmes groupées sur le seuil de l'église. Cette personne ajoutait que sa grand'mère, fervente chrétienne, n'avait jamais voulu dans la suite, par un sentiment bien délicat de charité, révéler le nom des individus qui composaient cette bande, surtout de celui qui avait été si rapidement puni.

Maintenant que nous avons fait connaissance avec les lieux dont nous aurons à faire l'historique, reportons-nous de longs siècles en arrière et allons visiter l'humble demeure de Nazareth, d'abord en Palestine ; ensuite suivons-la pas à pas dans sa miraculeuse Translation en Italie. Admirons les merveilleuses splendeurs qui l'environnent. Ecoutons avec foi le récit des miracles qui s'y opèrent. Visitons-la avec les pèlerins qui y accourent de toute part, surtout de France, pour venir ensuite assister à la fondation de Notre-Dame de Lorette, près Sévérac, bâtie il y a 250 ans par le plus puissant et le plus grand seigneur de notre pays.

PREMIÈRE PARTIE

La Sainte Maison de Nazareth

I

A Nazareth.

Lorsque le pèlerin, après avoir visité Jérusalem, avance vers le lac de Tibériade, si célèbre par les nombreux miracles de Notre-Seigneur-Jésus-Christ, il trouve sur sa gauche tout près du mont Thabor, la petite ville aux blanches murailles, Nazareth, la cité des fleurs ainsi que l'appelle saint Jérôme (1).

Dans ce pays de tradition par excellence, depuis les temps les plus anciens, la distribution des maisons n'a pas changé. Elles sont toutes construites les unes au-dessus des autres sur le flanc de la colline.

Cette dernière est toute parsemée de grottes creusées par la nature, agrandies quelquefois par la main des hommes. Les familles un peu aisées ont pour demeure une maison sans étage, bâtie sur l'ouverture de la grotte, avec laquelle on communique par une petite porte. Souvent, la grotte elle-même sert de quatrième muraille. La première pièce peut au besoin se partager en plusieurs autres au moyen de nattes suspendues. L'une de ces

(1) Nazareth, de *Nezer*, qui veut dire *fleur* et *rejeton*.

divisions sert de cuisine, l'autre de chambre à coucher. Dans l'épaisseur des murs sont creusées de petites armoires avec des rayons pour y déposer des ustensiles de ménage.

Les grottes servent de cellier, on y dépose aussi les meubles les plus embarrassants et si la famille possède un cheval, un âne, ou une vache, elle les renferme dans une seconde grotte qui communique avec la voie publique.

Telles étaient les habitations des anciens Juifs de Nazareth, et telle en particulier était celle de la Sainte Vierge.

Elle se composait primitivement de trois pièces (1) ; une maison en plein air, et deux grottes. La maison éclairée par une étroite fenêtre pouvait à l'aide d'une cloison mobile se diviser en deux ; elle servait à Marie de chambre à coucher, d'oratoire et de lieu de travail. C'est là que Marie reçut la visite de l'Ange (car c'est la maison qui fut depuis transportée à Lorette). Son emplacement à Nazareth est occupé par la chapelle de l'Ange, espace oblong en avant des grottes ou chapelles souterraines ; deux autels y sont dressés consacrés l'un à l'archange Gabriel, l'autre à saint Joachim.

Outre la maison en plein air, l'habitation de la Sainte Famille se composait encore, avons-nous dit, de deux grottes ; l'une, plus grande, attenante à la maison ; l'autre communiquant par un corridor assez court avec la voie publique. La première de ces grottes était et est encore partagée en deux. La partie antérieure, d'après une ancienne tradition, servit d'habitation particulière à saint Joseph qui la céda à l'enfant Jésus, après le retour d'Egypte. C'est là que se trouve actuellement à

(1) La partie la plus reculée où se retira saint Joseph, est transformée en une chapelle qui lui est consacrée. Enfin l'autre grotte, plus petite et plus basse, la dernière à laquelle on arrive maintenant put servir à quelque bêtes de somme ; elle n'a pas plus de dix à douze pieds de diamètre et de quatre à six d'élévation. Le peuple de Nazareth l'appelle la cuisine de Notre-Dame à cause d'un trou pratiqué à la voûte qui probablement servait de fenêtre et non de cheminée.

Nazareth l'autel de l'Annonciation, au-dessus duquel on lit cette inscription : *Hic verbum caro factum est.*

La Sainte-Famille possédait aussi une autre maison que l'antiquité chrétienne désigne sous le nom de boutique de saint Joseph et où travailla Jésus enfant. Sainte Hélène avait fait construire une chapelle dont il ne reste qu'un débris de muraille, sur cet atelier, distant de cente trente pas de la maison de Marie.

Voilà donc Nazareth, la cité Blanche, comme l'appellent les Arabes, la cité des fleurs, suivant l'étymologie biblique. Pour les chrétiens,c'est avant tout la ville de Marie.

L'imagination n'aurait pu rêver pour l'habitation de la plus pure des vierges un asile plus calme.

« C'est là, dans ce rayon de ciel bleu, à l'ombre de cette colline, dont les vieilles roches semblent encore toutes fendues du tressaillement de joie qu'elles éprouvèrent en portant le Verbe enfant ; c'est là le point sacré du globe que Dieu avait choisi de toute éternité pour faire descendre sur la terre sa vérité, sa justice et son amour incarnés dans un Enfant-Dieu ; c'est là que le souffle divin est descendu à son heure vers une pauvre chaumière, séjour de l'humble travail, de la simplicité et de la vertu ; c'est là que le Verbe incarné est venu allumer devant le Dieu unique et saint l'encens qui ne doit plus s'éteindre, le parfum de la charité et de la vérité éternelles (1). »

Mais la parole humaine, serait-elle de Lamartine, est toujours impuissante à raconter dignement les choses du Ciel.

Ecoutons la parole divine bien autrement puissante dans sa simplicité :

« Or, dit l'Evangile, l'ange Gabriel fut envoyé de
» Dieu dans une ville de Galilée, appelée Nazareth.
» A une Vierge fiancé à un homme de la maison

(1) Lamartine : *Voyage en Orient.*

» de David, nommé Joseph et le nom de la Vierge
» était Marie.

» L'ange étant entré dans le lieu où elle était, lui
» dit : *Je vous salue, pleine de grâce, le Seigneur*
» *est avec vous, vous êtes bénie entre toutes les fem-*
» *mes.*

» Marie, entendant, fut troublée par ces paroles
» et elle se demandait ce que voulait dire cette sa-
» lutation.

» Et l'ange lui dit : *Ne craignez point Marie, car*
» *vous avez trouvé grâce devant Dieu.*

» *Voilà que vous concevrez dans votre sein et que*
» *vous enfanterez un fils et vous lui donnerez le nom*
» *de Jésus.*

» *Il sera grand et il sera appelé le fils du Très-*
» *Haut, et le Seigneur Dieu lui donnera le trône de*
» *David son père et il règnera sur la maison de Ja-*
» *cob éternellement.*

» *Et son règne n'aura point de fin.*

» Or Marie dit à l'ange : *Comment cela se fera-t-il,*
» *car je ne connais point d'homme ?*

» Et l'ange lui dit : *Le Seigneur surviendra en*
» *vous et la Vertu du Très-Haut vous couvrira de*
» *son ombre. C'est pourquoi le Saint qui naîtra de*
» *vous s'appellera le Fils de Dieu.*

» *Et voilà qu'Elisabeth, votre parente, a conçu un*
» *fils dans sa vieillesse et ce mois est le sixième pour*
» *celle qui était appelée stérile ; car rien n'est impos-*
» *sible à Dieu.*

» Or Marie dit à l'ange : *Voici la servante du*
» *Seigneur ; qu'il me soit fait selon votre parole.*

» Et l'ange la quitta (1). »

« Plus d'une fois déjà la terre avait reçu la visite de messagers célestes ; depuis le chêne de Manbré jusqu'à la tente de Gédéon, plus d'un lieu avait été honoré de leur présence. Mais jamais, dans les manifestations angéliques du Testament ancien, les envoyés célestes n'avaient apporté pareille nouvelle

---

(1) Saint Luc, 1, 26-38.

au monde ; en aucun lieu rien de semblable ne s'était accompli. Les temps anciens et nouveaux ; quarante siècles d'attente, de vœux, de prières, de larmes, et dix-huit siècles de bénédictions, de louanges, de salut, viennent des deux versants de l'histoire, aboutir à cette pauvre et sainte demeure. L'ange y soumet à l'acceptation de Marie le vœu de la Trinité sainte pour la rédemption du monde. Recueillie dans le silence de son humilité, dans l'extase de son amour, Marie se tait, l'ange attend. Enfin une parole d'acquiescement tombe de ses lèvres : *Fiat*, et c'est cette parole qui ébranle les cieux, sauve la terre et arrache le sceptre des âmes aux puissances infernales. Le consentement de la Vierge a ratifié les décrets du conseil éternel (1). »

« Témoins prédestinés du grand mystère, ces murailles ont d'autres titres encore à la vénération du monde. C'est à leur ombre, d'après l'*opinion la plus accréditée*, que la très sainte Vierge avait reçu naissance (2). En ce nid placé dans le creux du rocher est venue au monde la colombe toute belle, objet des complaisances de Dieu.

C'ert là aussi qu'au retour de la fuite en Egypte, Marie revint habiter avec son divin enfant et son chaste époux saint Joseph ; c'est là que Jésus lui était soumis.

Ce saint asile a donc abrité la sainte enfance du fils de Dieu, de son obéissance de trente années ; ces murailles ont entendu les entretiens de Jésus

---

(1) Abbé Grillot : *La Sainte Maison de Lorette*.

(2) L'opinion qui veut que Marie soit née à Jérusalem est victorieusement contredite : 1° par l'auteur du livre de la *Nativité* dans les œuvres de saint Jérôme ; 2° par le *Motu proprio* de Jules II (1501) où il est dit que l'église de Lorette renferme la chambre où Marie a été conçue ; 3° par la légende insérée au bréviaire romain qui appelle la Maison de Lorette la maison natale de Marie ; 4° par les bulles ou autres actes pontificaux qui enseignent que la sainte Vierge a été conçue, est née et a été élevée dans la maison de Nazareth transportée à Lorette. (Clément VIII, Paul II, Léon X, Paul III, Urbain VIII, Benoit XIV et Pie IX.) Voir la brochure de Mgr Mislin, « *La Très Sainte Vierge est-elle née à Nazareth ou à Jérusalem* ». Extraits de l'abbé Grillot : *La Sainte Maison de Lorette*.

Selon d'autres opinions, respectables aussi, la Sainte Vierge serait née à Jérusalem.

avec Marie sa mère et saint Joseph son père nourricier ; là s'accomplirent dans le silence et l'obscurité les mystères ineffables d'humilité, de pauvreté, d'obéissance et d'amour, qui révélés plus tard sont devenus le principe de la conversion du monde. Plus d'une fois de hardis voyageurs ont laborieusement remonté le cours du Nil pour contempler la source cachée et inconnue du grand fleuve ; eh bien ! c'est là dans cette pauvre maison de Nazareth qu'a commencé à sourdre, inconnue du monde, mais contemplée par le regard ému des anges, la source mystérieuse de cette religion vaste et féconde qui depuis deux mille ans s'est creusé son lit dans l'univers et a abreuvé tant de générations humaines de ses eaux pures et vivifiantes.

Est-il besoin de dire avec quelle vénération et quel amour les apôtres et les premiers chrétiens venaient visiter ce sanctuaire embaumé de tant de vertus divines, enrichi de tant de souvenirs. La tradition nous montre les apôtres après l'ascension faisant de cette sainte demeure une chapelle où ils se plaisaient à célébrer les mystères sacrés ; et où plus d'une fois saint Pierre par la communion rendit à Marie le corps et le sang que dans ce lieu même elle avait de sa propre substance fournis au Verbe incarné.

A la suite des apôtres les fidèles du monde accoururent. Vouloir redire les pèlerins qui se succédèrent pendant trois siècles depuis les apôtres jusqu'à Constantin, la plupart bravant les échafauds et les bûchers, serait chose impossible. Dès que Constantin eut rendu la paix à l'Eglise, l'ardeur se réveilla avec une énergie nouvelle. En tête marche sainte Hélène qui quoique âgée de plus de quatre vingts ans entreprit le voyage de Palestine en 326. Chacun sait comment la pieuse impératrice retrouva le bois de la vraie croix et éleva sur le Saint Sépulcre et la montagne de l'Ascension des temples magnifiques. La pieuse impératrice ne pouvait oublier la demeure de Nazareth ; comme une sainte relique dans une châsse, elle enferma dans une église la sainte habitation de Jésus et de Marie et sur le marbre du frontispisce elle grava cette inscription : « C'est ici le sanctuaire où a été jeté le premier fondement du salut du monde. » On voit encore aujourd'hui les restes imposants de cet édifice.

Ce Sanctuaire reçut aussi plus d'une fois la visite de saint Jérôme, l'austère pénitent de Bethléem.

« Nous irons à Nazareth, écrivait-il dans un saint transport et nous verrons la fleur de Galilée. »

On y voit encore venir :

Saint Cyriaque, évêque d'Ancône au IVe siècle ; au Ve saint Petrone, évêque de Bologne, qui prit les mesures de la Sainte Maison pour en faire placer le dessin dans son église épiscopale ;... les deux frères Candide et Gabrius, qui rapportèrent en Occident une robe de la Sainte-Vierge ; Saint Jean Damascène, à qui Marie rendit par un miracle la main qu'il avait sacrifié pour sa gloire, plus tard une caravane de 50 normands (930) ; enfin au IXe siècle une troupe de sept mille pèlerins, sous la conduite et protection de quelques officiers français, fut comme l'avant-garde des croisés.

Bientôt c'est l'Europe entière qui se lève et se met en marche. Comme Clovis au récit de la passion du Sauveur, les fiers barons du moyen âge, en entendant de la bouche des pélerins le récit des malheurs de la Terre Sainte, se lèvent pour aller délivrer les lieux sanctifiés par les pas de Jésus et de Marie. Pendant toute la durée du royaume de Jérusalem : « Nazareth, dit Guillaume de Tyr, devint la métropole du pays non moins par la sainteté de son temple que par l'abondance de ses richesses. » Des ordres de chevaliers s'établirent pour veiller à la sureté des routes, les visites à Nazareth se multiplient encore. Ce sont tour à tour : Saint Guy et Vandulphe de Brabant ; Guillaume, duc d'Aquitaine ; Godrige ermite anglais qui renouvela deux fois le pèlerinage ; Jean Phocas qui pour exciter davantage les fidèles à la visite des lieux saints écrivait ces paroles : « Alors vous parcourez des yeux cette antique demeure où l'ange apparut à

Marie qui revenait de la fontaine et lui annonça l'heureuse nouvelle... (Ses dernières paroles font allusion à une tradition orientale sur le moment de l'apparition de l'ange et l'attitude de la Vierge).

Ce pèlerinage douze fois séculaire fut clos l'an 1252 par le plus illustre de nos rois. Saint Louis a été le dernier des pèlerins couronnés qui aient visité la Sainte Maison de Nazareth avant sa translation miraculeuse au centre de l'Europe.

Désolé de ne pouvoir contempler le Saint Sépulcre que n'avait pu délivrer sa chevaleresque bravoure, Saint Louis voulut voir au moins les autres sanctuaires de la Palestine. Du mont Thabor où Jésus fut transfiguré il se dirigea vers Nazareth. Laissons son historien raconter, dans la langue si naïve du moyen âge, les pieuses émotions du saint roi :

« De ci loin comme il put voir la cité de Nazareth, il descendit de dessus son cheval, s'agenouilla à terre dévotement et adora Notre-Seigneur. Dès, aussitôt qu'il vint au lieu où Notre Sire Jésus-Christ fut né icelui jour même jeûner en pain et en eau et cilicé vestit. Comme dévotement il fit chanter messe et solennellement glorieuses vespres et matines et tout le service à chant et à déchant, à orgues et à trèbles (en partie à orgue et à grand orchestre). De ce peuvent témoigner ceux qui y furent, que depuis que le Fils de Dieu prist incarnation de sa glorieuse mère la benoite Vierge Marie, oncques (jamais) si solennel service ne fut fait ni chanté. A l'autel où l'ange fit l'annonciation à la Vierge Marie, fut la messe chantée et y reçut moult dévotement son Sauveur, et puis s'en retourna. » La reine Marguerite de Provence, épouse du saint roi, dont l'emblème était une reine-marguerite avec cette devise : *Royne de la terre, servante de la Royne du Ciel !* ne montra pas un moindre amour pour la Sainte Vierge. Elle communia avec le roi dans la Sainte demeure du Verbe fait chair.

Il est donc établi jusqu'à l'évidence que la Maison de la Sainte Vierge à Nazareth a subsisté jusqu'à la fin du XIIIe siècle.

Par cet hommage solennel du plus grand et du plus saint roi de la chrétienté, la Providence semble avoir voulu fixer les yeux du monde sur la pieuse demeure, afin de le rendre plus attentif aux merveilles qui allait l'arracher 39 ans après aux mains des infidèles (1). »

II

Translation de la Sainte Maison.

La nouvelle soudaine et terrible que la Terre Sainte était perdue pour les chrétiens répandit une profonde tristesse dans tous les cœurs, tristesse qui n'est point encore effacée au souvenir des Saints Lieux. Mais dans le même temps une autre nouvelle, vint réjouir les âmes pieuses et les réjouit encore. Par un prodige des plus étonnants dont l'histoire fasse mention, la Sainte Maison de Nazareth ou la Vierge Marie conçut le Verbe fait chair, fut arrachée de ses fondations qui restèrent dans le sol primitif, et les anges, qui le jour de l'Assomption avaient enlevé Marie au ciel, transportèrent sa demeure pendant la nuit d'Orient en Occident, d'abord en Dalmatie et de là dans la Marche d'Ancône près de Récanati où elle est encore.

C'était dans l'année 1291 ; les Saints Lieux de la Palestine étaient envahis, l'église magnifique que l'impératrice Hélène avait élevée à Nazareth, venait de tomber sous le marteau destructeur des infidèles. La Sainte Maison qu'elle renfermait allait bientôt peut-être avoir le même sort, lorsque Dieu ordonna à ses anges de la transporter sur les terres heureuses de la fidèle Dalmatie. On était au 10 du mois de Mai, à la deuxième veille de la nuit. Le sanctuaire de Nazareth avait été déposé sur les rivages de l'Adriatique entre Tersatz et Fiume dans un lieu appelé vulgairement Rauniza par les habitants du pays. Nicolas IV gouvernait l'église

(1) Extraits et résumés de l'abbé Grillot.

et Rodolphe de Halsbourg l'empire. La ville de Tersatz obéissait à Nicolas Frangipani, prince issu de l'antique famille des Aniciens, dont l'autorité s'étendait sur les terres de la Croatie et de la Selavonie.

Au lever de l'aurore quelques habitants aperçurent avec étonnement le nouvel édifice, placé dans un lieu où jamais on n'avait vu jusque-là ni maison, ni cabane.

Le bruit du prodige est bientôt répandu, on accourt, on examine le bâtiment mystérieux construit de pierres rouges et carrées, on s'étonne de la singularité de sa structure, de son air d'antiquité, de sa forme orientale ; on ne peut surtout expliquer comment elle se tient debout, posée sur la terre nue sans aucun fondement.

Mais la surprise augmente quand on pénètre dans l'intérieur. La chambre formait un carré oblong. Le plafond, surmonté d'un petit clocher, était de bois peint en couleur d'azur et divisé en plusieurs compartiments, parsemé d'étoiles dorées. Les murs, épais d'environ une coudée, construits sans règle ni niveau, ne suivaient pas exactement la ligne verticale. Ils étaient recouverts d'un enduit où l'on voyait en peinture les principaux mystères du lieu sacré. Une porte assez large, ouverte dans une des parties latérales, donnait entrée dans ce mystérieux séjour, à droite s'ouvrait une étroite et unique fenêtre. En face s'élevait un autel, construit en pierres fortes et carrées, que dominait une croix grecque antique ornée d'un crucifix peint sur une toile, collée au bois, où se lisait le titre de notre salut : « Jésus de Nazareth, roi des Juifs. »

Près de l'autel on apercevait une petite armoire d'une extrême simplicité, destinée à recevoir les ustensiles propres à un pauvre ménage ; elle renfermait quelques petits vases semblables à ceux dont se servait les mères pour donner la nourriture à leurs enfants.

Au fond une espèce de cheminée ou de foyer surmonté d'une niche précieuse. Cette dernière était soutenue par des colonnes formées de canelures et de volutes et terminée par une voûte arrondie, formée par cinq lunes qui se joignaient et s'entrelaçaient naturellement. Là était placé une statue de cèdre, représentant la Bienheureuse Vierge debout et portant l'Enfant Jésus dans ses bras. Les visages étaient peints d'une espèce de couleur semblable à l'argent, mais noirci par le temps et sans doute par la fumée des cierges. Une couronne de perles posée sur la tête de Marie, relevait la noblesse de son front, ses cheveux partagés à la Nazaréenne flottaient sur son cou et sur ses épaules. Son corps était vêtu d'une robe dorée qui, soutenue par une large ceinture, tombait flottante jusqu'aux pieds ; un manteau bleu recouvrait son dos. L'Enfant Jésus, d'une taille plus grande que celle des enfants ordinaires, avait un visage ou respirait une divine majesté et qu'embellissait une chevelure partagée aussi sur le front. Il portait l'habit et la ceinture des Nazaréens ; levait les premiers doigts de la main droite, comme pour donner la bénédictiou et de la gauche il soutenait un globe, symbole de son pouvoir.

La statue de la Vierge, au moment de son arrivée, était couverte d'une robe de laine rouge, qui se conserve encore aujourd'hui et demeure sans altération. Telle était la disposition de la Sainte Chapelle lorsqu'elle vint se reposer en Dalmatie (1). On rapporte encore que les petites cloches que l'on voit suspendues à une petite distance de l'autel de la Sainte Maison ont été transportées avec elle au moment où elle est venue de Nazareth (2).

La stupeur était générale ; on se demandait quelle pouvait être cette demeure inconnue, quelle main avait tracé ces figures, quelle puissance avait fait apparaître en un instant ce nouveau sanc-

---

(1) *Histoire critique et religieuse de Notre-Dame de Lorette*, par Caillau.

(2) Le Père Portes, ex pénitencier de la Basilique de Lorette.

tuaire ; tous interrogeaient, nul ne pouvait répondre, lorsque tout d'un coup s'élance au milieu du peuple, le vénérable pasteur de l'église Saint-Georges, l'évêque Alexandre, natif de Madruzia. Sa présence excite un cri général de surprise ; on le savait gravement malade, sans espérance presque de guérison et cependant le voilà plein de vie et de santé, le mal a disparu, la fièvre n'a point laissé de traces.

La nuit précédente, dans son lit de douleur, le prélat avait ressenti le plus ardent désir d'aller contempler de ses yeux le prodige, qui lui avait été merveilleusement révélé. Il s'était alors voué à Marie dont la miraculeuse image lui avait été dépeinte. Soudain le Ciel s'était ouvert à ses yeux ; la Très Sainte Vierge s'était montrée à lui au milieu des anges et d'une voix remplie de douceur :

— Mon fils, lui avait-elle dit, tu m'as appelée ; me voici pour te donner un efficace secours et te dévoiler le secret dont tu souhaites la connaissance. « Sache donc que la sainte demeure apportée récemment sur ce territoire, est la maison même où j'ai pris naissance et reçu presque toute mon éducation. C'est là qu'à la nouvelle apportée par l'archange Gabriel j'ai conçu par l'opération du Saint-Esprit le divin Enfant. C'est là que le Verbe s'est fait chair. Aussi, après mon trépas, les apôtres ont-ils consacré ce toit illustré par de si hauts mystères et se sont-ils disputés l'honneur d'y célébrer l'auguste sacrifice. L'autel transporté en même temps est celui-là même que dressa l'apôtre saint Pierre. Le crucifix, que l'on y remarque, y fut placé autrefois par les apôtres. La statue de cèdre est mon image faite par la main de l'évangéliste saint Luc, qui, guidé par l'attachement qu'il avait pour moi, a exprimé par les ressources de l'art, la ressemblance de mes traits autant qu'il est possible à un mortel. Cette maison aimée du ciel, environnée pendant tant de siècles d'honneurs dans la Galilée, mais aujourd'hui privée d'hommages au milieu de la défaillance de la foi, a passé de Nazareth sur ces rivages. Ici, point de doute ; l'auteur de ce grand événement est ce Dieu près duquel nulle parole n'est impossible. Du reste, afin que tu en sois toi-même le témoin et le prédicateur, reçois ta guérison. Ton retour subit à la santé au milieu d'une si longue maladie, fera foi de ce prodige. »

Ainsi parla Marie et s'élevant vers le ciel, elle disparut, laissant la chambre embaumée d'une odeur céleste. Le ministre fidèle, sentant son mal s'évanouir, la fièvre s'éteindre, la force renaître, se lève, se jette à genoux. Bénir sa bienfaitrice, courir à l'auguste sanctuaire pour lui présenter ses actions de grâces, furent tout à la fois et le besoin de sa reconnaissance et la preuve que cette visite surnaturelle n'était pas une chimère enfantée dans un cerveau égaré par la douleur.

Nicolas Frangipane qui gouvernait alors cette contrée était absent. Il avait suivi à la guerre Rodolphe de Hasbourg ; au milieu de cette expédition militaire, il reçoit la nouvelle de cet événement prodigieux. Le prince lui donne la permission de quitter le camp pour aller s'assurer de la vérité. La longueur du chemin ne l'arrête point, il vient à Tersatz, ou sans se laisser entraîner par un premier enthousiasme, il prend les informations les plus minutieuses.

Quatre de ses sujets sont choisis par lui parmi les hommes les plus sages et les plus prudents ainsi que les plus savants. Ils se transportent à Nazareth pour examiner et rapprocher les circonstances de ce fait extraordinaire.

Leur mission sera remplie avec autant de fidélité que de diligence, et leur rapport sera concluant. A Nazareth de Galilée, la maison natale de la Sainte Vierge ne se trouvait plus, elle avait été détachée de ses bases qui existaient encore, nulle différence entre la nature des pierres restées dans les fondements et la qualité de celles qui composaient le saint édifice, conformité parfaite pour les mesures, pour la longueur et la largeur du bâtiment.

Leur témoignage est rédigé par écrit ; il est confirmé par un serment solennel, il est authentiqué selon les formes voulues par la loi. Plus de doute ni d'incertitude.

La dévotion a pris un rapide essor, les peuples accourent de toute part. Les provinces de la Bosnie, de la Serbie, de l'Albanie, de la Croatie semblent se vider pour répandre leurs habitants sur cette terre favorisée du ciel. Pour faciliter l'empressement des peuples, Frangipane fit entourer les murs bénis de grosses poutres recouvertes en planches selon le goût du pays, où les constructions de ce genre étaient encore en usage ; et prodigua de riches offrandes pour augmenter la splendeur de ce vénérable sanctuaire, à mesure que la renommée en répandait plus au loin la connaissance.

Trois ans et demi après son arrivée à Tersatz, la maison de Nazareth portée par les mains des anges s'éleva de nouveau dans les airs et disparut aux regards de ce peuple désolé. Le prince fit construire à la même place et sur les mêmes vestiges une petite chapelle où on lit encore aujourd'hui : « Ici est le lieu où fut autrefois la très sainte demeure de la bienheureuse Vierge de Lorette, qui maintenant est honorée sur la terre de Récanati. » Sur le chemin on fit graver cette inscription en langue italienne : « La Sainte Maison de la bienheureuse Vierge vint à Tersatz l'an 1291 le 10 mai et se retira le 10 décembre 1294 ». Les souverains pontifes accordèrent plusieurs grâces à la chapelle commémorative de Tersatz.

Depuis cette époque jusqu'à nos jours on voit tous les ans les Dalmates traverser la mer Adriatique et venir à Lorette, autant pour déplorer leur veuvage, que pour honorer le berceau de Marie. Toujours dans leur bouche sont ces paroles solennelles : « Revenez à nous, Marie, Revenez à nous. »

Cependant la sainte Vierge qui avait choisi le fervent évêque de Tersatz pour révéler l'apparition de sa maison à Rauniza, laissa cette fois tomber son choix sur deux personnages remarquables par leur grande piété et leur grande sainteté. Tous les deux habitaient non loin de Lorette; tous les deux sans le savoir furent avertis en même temps du miracle par la très sainte Vierge et chacun dans sa cellule apprenait que la maison qui s'était reposée sur le bois des Lauriers de Recanati était la maison même de la très sainte Vierge, que les anges avaient portée à Lorette, afin de donner à la chrétienté par un si beau présent, un secours puissant et un refuge assuré dans ses pressants besoins. Le premier de ces personnages fut saint Nicolas de Tolentino qui demeurait alors à Récanati; c'est un des plus grands saints qu'aient eu l'ordre des Augustins. L'autre se nommait frère Paul. Ce dernier avait fixé sa résidence sur le sommet d'une colline peu éloignée du bois des Lauriers et qu'on appelle aujourd'hui Mont Orso.

Saint Nicolas qui avait plusieurs fois prié la Sainte Vierge de lui procurer le plaisir de voir au moins une fois avant sa mort la sainte demeure où elle était née et où elle avait vécu trente années avec son fils bien-aimé, fut saisi de la joie la plus grande, quand il apprit de la bouche même de Marie qu'il pouvait voir à loisir l'objet de ses plus tendres affections. Il courut ou pour mieux dire, il vola, vers la Sainte Maison pour rendre à Marie l'hommage de sa plus vive reconnaissance. La vision de ces deux religieux qui certainement, aux yeux de la contrée, n'étaient point suspects car l'éloignement de leur habitation n'avait point permis une entente entr'eux, tout concourut pour confirmer la vérité du prodige (1).

Quant à frère Paul, voici en quels termes l'histoire de la nouvelle translation fut rédigée par lui et envoyée sur sa demande au roi de Naples, Charles II :

« Au nom de Dieu. Ainsi soit-il. Moi, pour satis-

(1) *Petite histoire de la translation prodigieuse de la Sainte Maison de Nazareth*, par le Révérend Père Louis Portes, mineur conventuel ex-pénitencier français apostolique de la Basilique de Notre-Dame de Lorette, chanoine honoraire.

faire à votre pieuse curiosité, qui m'a confié la narration du grand miracle de la translation faite par les anges de la maison de la Sainte Vierge apportée sur les rivages de l'Italie dans la province d'Ancône, au territoire de Récanati entre les fleuves de Aspis ou Mosciou et Potentia. Voici comment la chose est arrivée ainsi que je l'ai souvent entendue raconter par des hommes dignes de foi et originaires de Récanati, savoir : François Petri, chanoine de cette ville et Uguecion, ecclésiastique exemplaire, de même que par les jurisconsultes distingués Cisco de Cischis et François Percivallino de Récanati qui tous, avec plusieurs de leurs concitoyens, vivaient du temps du miracle dont j'ai lu également avec attention la narration dans les registres publics.

» L'an de l'Incarnation du Seigneur 1294, le samedi 10 décembre, lorsque tout était plongé dans le silence, et que la nuit dans son cours était au milieu de sa route, une lumière sortie du ciel vint frapper les regards de plusieurs habitants des rivages de la mer Adriatique et une divine harmonie réveillant la paresse des plus endormis, les tira du sommeil pour leur faire contempler une merveille supérieure à toutes les forces de la nature. Ils virent donc et contemplèrent à loisir une maison environnée d'une splendeur céleste, soutenue par les mains des anges et transportée à travers les airs.

» Les paysans et les bergers s'arrêtèrent stupéfaits à la vue d'une si grande merveille, et tombèrent à genoux dans l'attente du terme et de la fin où aboutirait ce prodige. Cependant cette sainte maison portée par les anges fut placée au milieu d'un bois, et les arbres eux-mêmes s'inclinèrent comme pour vénérer la Reine du Ciel. Aujourd'hui on les voit encore penchés et recourbés comme pour témoigner leur allégresse. On dit que dans ce lieu était autrefois un temple à quelque fausse divinité et entouré d'une forêt de lauriers, ce qui lui a fait donner le nom de Lorette comme on l'appelle encore aujourd'hui. A peine le matin est-il arrivé que les paysans se hâtent d'aller à Récanati, pour raconter ce qui s'est passé et tout le peuple s'empressa d'accourir au bois des Lauriers pour s'assurer de la vérité de cette narration. Parmi les nobles et le peuple plusieurs ne pouvaient se résoudre à croire le miracle. Les mieux disposés pleuraient de joie et disaient avec le prophète : *Nous l'avons trouvée dans les champs de la forêt* ; et encore : *Il n'a pas traité ainsi toutes les nations*. Ils honorèrent cette petite et sainte maison et pénétrant dans l'intérieur avec dévotion ils rendirent leurs hommages à la statue de bois de la divine Marie qui tenait son fils entre ses bras.

» De retour à Récanati, ils remplirent la cité d'une sainte joie ; le peuple quittait souvent la ville pour aller vénérer la Ste Chapelle, c'était un concours perpétuel de fidèles qui se croisaient sur la route.

» Cependant la bienheureuse Vierge Marie multipliait les prodiges et les miracles. Le bruit d'une si grande merveille s'étendait dans les contrées lointaines, comme dans les provinces voisines, et tous accouraient à la forêt des Lauriers qui se remplit bientôt de différentes habitations en bois pour servir de refuge aux pèlerins. Tandis que ces événements se passaient, le lion infernal qui tourne sans cesse cherchant quelque proie à dévorer, suscita des brigands dont les mains impies souillaient le bois sacré par des vols et des homicides, de sorte que la dévotion de plusieurs se refroidit par la crainte des malfaiteurs.

» Au bout de huit mois le premier miracle fut confirmé par un second prodige. La sainte maison quitta la forêt profanée et fut placée par le ministère des anges au milieu d'une colline appartenant à deux nobles frères, Etienne et Siméon Rainaldi des Antiquis de Récanati. Cependant la dévotion des fidèles croissait et la petite sainte demeure s'enrichissait par des dons et de nombreuses offrandes. Les nobles et pieux frères en étaient les dépositaires ; mais bientôt ils cédèrent à l'avarice, s'ap-

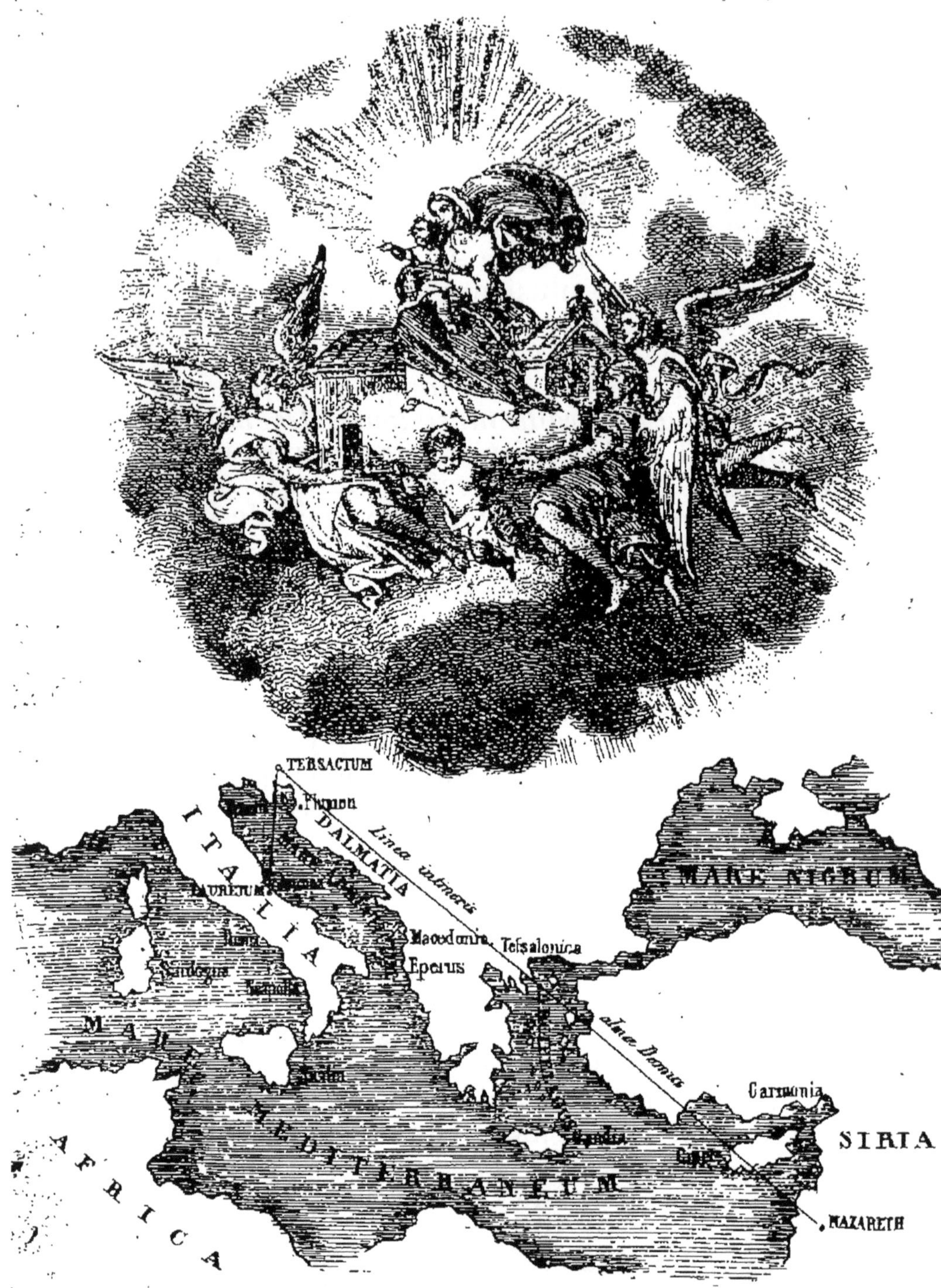

Le dixième jour de Mai 1291 partant de Nazaret elle vint dabord à Tersatte qui est située sur les confins de la Dalmatie citérieure, et ensuite le dixième jour de Decembre 1294 elle fut prodigieusement transportée a Loreto

pliquèrent les présents et laissèrent pervertir leur jugement jusqu'à en venir à de scandaleuses discussions pour savoir qui l'emporterait sur l'autre.

» Alors la sainte maison se retira, quatre mois après son arrivée, de la colline des deux frères et par un troisième miracle fut portée par les anges dans un nouveau site distant à peu près d'un jet de pierre, au milieu de la voie publique qui conduit de Récanati au rivage de la mer et c'est là que je vois encore aujourd'hui et que je contemple de mes propres yeux les grâces continuelles qu'elle accorde à ceux qui viennent y faire leurs prières.

» Néanmoins quoique les prodiges célestes démontrassent que ce toit modeste était le séjour de la Mère de Dieu, le lieu où le Verbe s'est fait chair, pour découvrir plus clairement la vérité, les habitants de Récanati tinrent une assemblée générale, où se rendirent les principaux seigneurs de la province et il fut décidé qu'on enverrait seize des hommes les plus illustres pour examiner si les mesures de la sainte maison étaient conformes, soit aux vestiges restés à Tersatz, soit aux fondements observés à Nazareth où elle fut primitivement bâtie et où elle subsista durant de longues années. Le décret fut exécuté et les seize députés, tous personnages distingués (et dont l'histoire cite le nom de plusieurs) allèrent, virent, revinrent et déclarèrent qu'ils avaient trouvé partout une entière conformité, tant à l'égard des mesures que par rapport aux témoins dont ils avaient recueilli sur les lieux les dépositions.

» Recevez, prince, cette courte narration en témoignage de la réalité du sanctuaire miraculeux et de mon respectueux dévouement envers votre majesté ; et afin que vous ayez l'assurance que vos aumônes aient été fidèlement remises, je vous atteste avoir reçue les offrandes dont vous recevrez la récompense dans le Ciel. Au nom du Père et du Fils et du Saint-Esprit. Ainsi soit-il. Près de la Sainte demeure, l'an du Sauveur 1297, le 8 juin.

» Paul, serviteur de Jésus-Christ. »

Au-dessous on lit ces mots : « Les princes du peuple de la cité de Récanati, à tous faisons connaître que tous les faits ci-dessus racontés sont véritables et conformes à nos annales et à nos archives publiques. En témoignage et en foi de quoi nous avons ordonné que cette pièce serait scellée de notre cachet et souscrite par notaire public établi par l'autorité impériale et maître des actes, le 12 juin de l'année de la circoncision de Notre Seigneur Jésus-Christ 1297. François Joubé, maître des actes (1). »

Cependant les citoyens de Récanati voyaient avec crainte la faiblesse des saintes murailles : posées sur la terre, elles n'avaient point de fondement pour les soutenir.

N'était-il pas à craindre que subissant peu à peu les effets du temps elles ne vinssent à s'écrouler et à priver ainsi le pays de ses plus beaux ornements? Ce qui augmentait encore leur crainte, c'était la situation même du lieu exposé à de violents tourbillons, et à de fréquents orages, où les torrents des pluies semblaient conspirer avec la fureur des vents. Ils se décidèrent en conséquence à élever autour de ce frêle édifice une forte muraille établie sur les bases solides et construite de briques durcies au feu.

Or, voici maintenant ce qui arriva, d'après le témoignage d'un historien, le père Riera : « Le bruit public, dit-il, a propagé dans les provinces d'Ancône, comme un grand miracle, qu'au moment où l'ouvrage venait d'être terminé, on trouva les nouvelles murailles tellement séparées des anciennes, qu'un petit enfant pouvait y passer facilement avec un flambeau à la main, pour montrer à la foule quand l'occasion se présentait, la vérité de cet écartement. Ce prodige frappa vivement les esprits d'autant plus que l'on savait avec certitude qu'auparavant elles étaient si étroitement unies qu'il n'y avait pas entre les deux l'épaisseur d'un cheveu.

---

(1) *Histoire critique et religieuse de Notre-Dame de Lorette*, par Caillau.

» De là cette opinion commune que rien ne peut rester attaché aux murailles de l'Auguste Maison de Lorette, la Sainte Vierge le voulant ainsi pour empêcher de croire qu'elle ait besoin du secours des hommes pour soutenir sa vénérable demeure. Quelle que soit la cause du phénomène, la vérité du fait est au-dessus de toute controverse; car aujourd'hui encore vivent plusieurs témoins qui ont contemplé de leurs propres yeux cet admirable spectacle. Aussi quand au temps de Clément VII, Rainero Nérucci, architecte de la Sainte chapelle et qui depuis est resté avec moi dans une douce intimité, voulut par ordre du Pontife abattre ce mur de briques que le temps avait déjà presque renversé pour élever à la place ce magnifique monument en marbre que l'on voit encore aujourd'hui, il remarqua non sans étonnement que contre les règles de l'architecture et les plans de l'art humain toutes les pierres étrangères à la Sainte Maison s'étaient éloignées comme pour lui rendre de justes hommages. Le même Rainero, ainsi que plusieurs autres m'ont également raconté que ces murs rapportés s'étaient depuis plusieurs années tellement entr'ouverts que par de longues fentes on pouvait facilement contempler l'ancien bâtiment, et jouir des admirables délices qui semblent émaner de sa sainteté (1), »

Au commencement du XIVe siècle, les habitants de Récanati élevèrent à Lorette un temple pour y enfermer la Sainte Chapelle. Une ville se forme autour à laquelle les Souverains Pontifes n'ont cessé de prodiguer les faveurs spirituelles et temporelles. L'an 1494, le pape Pie II offrit à Notre-Dame de Lorette un calice d'or pour obtenir la guérison d'une maladie qu'il obtint en effet. La même année, son successeur Paul II, qui éleva une nouvelle basilique autour de la Sainte Chapelle, disait dans une bulle du 15 juin : « On ne saurait douter que Dieu à la prière de la très sainte Vierge, mère de son divin fils, n'accorde tous les jours aux

(1) Riera, *Histoire Laurétane.*

fidèles qui lui adressent pieusement leurs vœux, des grâces singulières et que les églises dédiées en l'honneur de son nom ne méritent d'être honorées avec la plus grande dévotion ; cependant celles-là doivent recevoir des hommages plus particuliers, dans lesquelles le Très-Haut à l'intercession de cette auguste Vierge opère des miracles, plus évidents, plus éclatants et plus fréquents. Or il est manifeste par l'expérience que l'église de Sainte-Marie de Lorette, dans le diocèse de Récanati, à cause des grands, inouïs et infinis miracles qu'y a fait éclater la puissance de cette Vierge bienheureuse et que nous avons éprouvés nous-mêmes, dans notre personne, attire dans son enceinte les peuples de toutes les parties du monde » (1).

Sixte IV, successeur de Paul II, déclare Lorette propriété du Saint-Siège, toutes les personnes attachées au service de l'église relèveront immédiatement de lui et seront exemptées de toute autre juridiction ; deux sujets capables seront nommés par le Souverain Pontife ; l'un pour prendre soin du spirituel, sous le titre de vicaire ; l'autre pour veiller aux intérêts temporels avec le titre de gouverneur, etc.

Les Carmes chargés de la garde des lieux saints de la Palestine, furent appelés à garder la chambre de la Sainte Mère de Dieu.

Léon X renouvelle tous les privilèges passés et en accorde encore de plus abondants. Les indulgences des stations apostoliques à Rome furent étendues au territoire de Lorette où l'on gagnait dans la visite d'une seule église, ce que l'on ne pouvait obtenir que par la visite de plusieurs églises dans la capitale du monde chrétien. Les marchés d'automne à Ancône, à Pisaure et ailleurs furent supprimés pour donner plus d'éclat à celui qui se tenait à Récanati, à l'époque de la Nativité, où l'on vit non seulement des catholiques, mais des Grecs même et des Arméniens, quoique schismati-

(1) Turselli, *Histoire Laurétane*.

ques, le disputer en dévotion pour Marie avec les fidèles enfants de l'église catholique. Le fameux statuaire Sansovino fut chargé d'entourer d'un magnifique travail en marbre blanc de Carrare le précieux sanctuaire. Des ordres furent donnés pour fortifier le château et construire des boulevards, des bastions et des fossés défendus par de grosses pièces d'artillerie afin de mettre le temple à l'abri de surprises et d'attaques.

Clément VII exécuta le plan de Léon X. Il donna un nouveau relief et une certitude nouvelle à la translation de la miraculeuse chapelle en députant trois de ses camériers d'abord à Lorette, puis en Dalmatie et enfin à Nazareth pour examiner soigneusement les lieux et consulter les traditions des peuples. Les larmes des Dalmates, les aveux des Orientaux, l'exactitude des mesures, la similitude des pierres, dont deux furent rapportées par un des envoyés, tout concourt également à confirmer la translation prodigieuse et à rassurer la piété des peuples.

Mais la première et principale pensée de Clément VII était de réaliser le plan sublime formé par son prédécesseur et son parent Léon X, le plan des décorations magnifiques qui devaient à l'extérieur du seuil parer en marbre blanc les humbles murailles de la Sainte Maison. Il appelle pour ce travail les plus illustres artistes pour rivaliser de talent et de génie dans l'accomplissement d'un si noble ouvrage. Il établit comme architecte le fameux Nérucci qui fit abattre la muraille antique laquelle se trouva, comme il a été dit, écartée des murs fragiles de la chambre miraculeuse. Durant plusieurs jours cette dernière demeura exposée dans toute sa simplicité aux regards empressés de la dévotion et de la curiosité populaires. Chacun put s'assurer qu'elle était posée sans fondement sur le sol nu. On voyait audessous une terre poudreuse et broyée, semblable à celle d'une voie fréquentée et passagère ; on y remarquait même une ronce qui s'était trouvée prise sous le saint fardeau déposé par les anges ; tout annonçait une route publique conformément au témoignage constant de la tradition. Cependant il fallut commencer les excavations nécessaires à la construction des bases qui devaient soutenir les marbres précieux; et alors il fut facile de se convaincre sans aucun doute que les saintes murailles étaient posées comme en suspens sur un sol inégal et poudreux. Gérôme Angelita, dans son rapport officiel au même pape Clément VII, fait une mention particulière de tous ces faits prodigieux qu'on ne saurait révoquer en doute.

Les fondements sortaient déjà de terre mais le plan arrêté par Léon X et approuvé par Clément VII exigeait que l'unique porte de la Sainte Maison fut murée et que l'on en ouvrit trois autres à la place pour éviter les accidents qui arrivaient tous les jours par suite de l'encombrement des pieux pèlerins dans un espace si étroit. A cette nouvelle, le peuple fut dans la consternation; une rumeur subite s'éleva de toutes parts. Qui oserait violer par les coups d'un audacieux marteau ces murailles que les siècles eux-mêmes ont respectées? Cependant l'ordre du pape était pressant ; le bien commun en demandait l'exécution, la beauté du travail l'exigeait impérieusement. L'architecte Nérucci s'arme de courage, il lève la massue, frappe un premier coup : à l'instant il pâlit, il tremble, il sent défaillir ses forces, il tombe sans connaissance; on l'emporte dans sa maison, le danger est imminent, sa vie elle-même parait compromise. Sa pieuse épouse, le voyant dans cet état funeste, se prosterne aux pieds de Marie, elle invoque l'illustre patronne de Lorette; ses vœux sont exaucés, la mortelle léthargie se dissipe bientôt et l'imprudent architecte est heureusement rendu à sa famille et à ses travaux.

Cependant on se hâte de faire part au Pontife de ce merveilleux événement et de lui demander sa décision dans un cas si difficile. Il répond en ces termes : « Ne craignez pas de percer les murs du sanctuaire auguste et d'ouvrir les portes ; ainsi l'ordonne Clément VII. » Un commandement si formel et toute l'autorité du Siège apostolique ne peuvent déterminer l'architecte Nérucci à déposer sa crainte et à obéir. En vain on l'excite, en vain on s'efforce de le persuader ; toutes les tentatives sont inutiles.

D'un côté, l'ordre du Pape pressait le travail, de l'autre, la stupeur publique en arrêtait l'exécution.

Tout à coup, contre toute attente, un homme se présente pour une œuvre qui paraissait si dangereuse, il était clerc et attaché au chœur du sanctuaire, son nom était Ventura Perini. Il prend d'abord trois jours pour se préparer à cette entreprise, par de ferventes prières et un jeûne rigoureux ; le dernier jour, vers le soir, il s'avance vers le saint lieu, environné d'une foule innombrable de peuple ; il fléchit le genou, il baise et rebaise mille fois les saintes murailles, il prend le marteau ; mais avant de frapper, le bras suspendu en l'air, il s'adresse à Marie et lui dit avec confiance : « Pardonnez, ô Sainte Maison de la plus pure des Vierges, ce n'est pas moi qui vous perce, c'est Clément, vicaire de Jésus-Christ, dans l'ardeur qui l'anime pour votre embellissement. Permettez-le, ô Marie ! et satisfaites le bon désir de son cœur. » A ces mots, il frappe un premier coup, suivi de plusieurs autres, sans en ressentir aucun dommage ; les autres ouvriers reprennent, l'imitant dans son travail comme dans sa dévotion ; les portes s'ouvrent, les pierres recueillies avec respect sont employées à refermer la seule ouverture, qui auparavant donnait entrée dans le précieux sanctuaire ; la poutre qui servait d'architrave est conservée dans la batisse comme un monument et un souvenir de l'ancienne disposition de ce lieu, et le nouveau plan, avec ses magnifiques sculptures, reçoit son exécution (1).

Paul IV publia, en faveur de Lorette, une consti-

(1) Caillau, *Histoire critique et religieuse de Notre-Dame de Lorette*. Murri, c. V., n° 23.

tution nouvelle, et porta jusqu'à quarante le nombre des pénitenciers chargés d'entendre la confession des pèlerins. On peut juger par là de l'affluence des pèlerins à cette époque.

Après lui, et dès les premiers jours de son pontificat, Pie IV écrivait dans une bulle : « L'affection » fervente et la piété sincère que nous avons eue » dès l'enfance pour la Bienheureuse Vierge, nous » excitent de toute manière à employer nos soins » à accroître la splendeur de cette humble et au- » guste Maison, où la Reine du Ciel a été conçue, » où elle est née, où elle a reçu l'éducation, où elle » a été saluée Mère de Dieu par l'ange Gabriel ; » cette maison qui, ainsi qu'il est prouvé par les » témoignages les plus dignes de foi, a été trans- » portée de la cité de Nazareth, par les mains » des anges, dans le territoire d'Ancône, avec » l'image de sa divine maîtresse, et a toujours été » environnée de tant de vénération par tous les » peuples chrétiens. »

Saint Pie V et Grégoire XIII, ne faillirent point à ces glorieuses traditions de dévouement à la Vierge de Lorette qui se perpétuait sur la chaire de saint Pierre. La premier fait sculpter les statues des Sybilles qu'on admire au revêtement de la Santa Casa, le second, afin de consoler les Dalmates, fonda à Lorette le collège Illiryen pour trente-six jeunes gens de cette nation.

Le grand pape Sixte-Quint (1585), termina la façade de la basilique, et y fit graver en lettres d'or, ces mots qui disent toute la gloire du sanctuaire que cette basilique renferme : « Maison de la Mère de Dieu où le Verbe s'est fait chair. » Dans une bulle célèbre, il exalte la gloire de cette Maison, *où Marie est née, a été saluée par l'ange... et où chaque jour s'opèrent des miracles sans nombre.* Puis, il élève la ville de Lorette au rang de cité, donne à son église le titre de cathédrale, y établit un évêché (1), composé des terres de Castelfidardo, aujour-

(1) Murri.

d'hui si tristement fameux, de Monte Caniano et de Monte Lapone, fait frapper monnaie au coin du glorieux sanctuaire et constitue définitivement l'ordre des chevaliers de Notre-Dame de Lorette, dont Paul III avait posé les bases cinquante ans auparavant.

Clément VIII, devenu pape en 1592, eut la consolation de faire deux fois le pèlerinage de la Santa Casa et de célébrer les saints mystères sur la pierre même dont s'étaient servi les Apôtres. Il fit au trésor d'innombrables présents, jeta mille écus romains dans le tronc des aumônes et défendit de chanter d'autres litanies que celles dont l'église fait maintenant usage et qu'on appelle vulgairement litanies de Lorette, parce que c'est dans cette église qu'elles furent chantées pour la première fois, d'après la rédaction du cardinal Savelli, à qui on les attribue communément, sur la foi d'une lame d'argent où elles furent gravées en 1483 avec cette inscription qu'on lit au bas : « Paul Savelli, prince d'Albano et député impérial (1) ».

Il permit en outre par un décret, de célébrer le 10 décembre, avec un rite solennel, la fête de la translation de la sainte maison, enfin il grava sur la table de marbre qui sert de base à la partie orientale de la sainte chapelle, l'inscription monumentale que nous citons en entier au chapitre III (description de la basilique).

Clément IX, pape en 1667, prescrit, après un sévère examen de la Congrégation des Rites, par décret solennel, de consigner dans le Martyrologe romain au 10 décembre, l'histoire du grand prodige de Lorette par ces mots remarquables : « A Lorette, dans le territoire d'Ancône, translation de la sainte maison de Marie. »

Innocent XIII en 1691, assigna une messe particulière pour cette grande solennité, et fit ajouter dans le bréviaire romain, à la fin de la sixième leçon, l'histoire du prodige dont voici le texte :

---

(1) Murri, n° 49.

« La maison dans laquelle naquit la Sainte Vierge et qui a été consacrée par les divins mystères, fut transportée par le ministère des Anges, d'abord dans la Dalmatie, ensuite dans la campagne de Lorette, province d'Ancône, sous le pontificat de saint Célestin V. C'est dans cette même maison que le Verbe se fit chair et habita parmi nous, comme le prouvent, et les témoignages des Souverains Pontifes et la vénération perpétuelle de tout l'univers, les miracles constants et les grâces sans nombre qui y sont obtenues. Aussi le pape Innocent XII, afin d'exciter et d'encourager encore le culte pour la très aimante Mère de Jésus, ordonna que l'anniversaire de la translation de la Sainte Maison serait célébré dans toute la province d'Ancône et prescrivit une messe et un office propre à cette solennité. »

Défenseur aussi docte que zélé de la Sainte Maison, Benoit XIV avant son exaltation sur le Saint-Siège avait établi victorieusement son identité avec la demeure humble et modeste de Nazareth contre les critiques du protestant Casaubon et des autres adversaires de la vérité. Aussi n'avons-nous pas lieu de nous étonner qu'il ait conservé toutes les exemptions et les privilèges de ces prédécesseurs et travaillé à l'embellissement de l'auguste sanctuaire par l'érection de la masse imposante du grand clocher et par l'achèvement de la belle terrasse du palais apostolique.

Mais le règne du grand pontife n'offre rien de plus remarquable, par rapport à Lorette, que la restauration du pavé de la Sainte-Chapelle et les conséquences de l'examen fait à cette époque. C'était en l'année 1751, Jean-Baptiste Stelta Bolonais gouvernait la cité. Sur le point de mettre les ouvriers au travail, il crut avec raison devoir s'autoriser des témoins les plus respectables. Il pria Mgr Alexandre Borgia de venir l'assister dans cette occasion importante et il appela en même temps quatre autres prélats, les évêques de Iési, d'Ascoli, de Macérata et de Lorette. Il manda d'office un architecte et quatre maîtres maçons, auxquels se joignirent par circonstance trois architectes étrangers venus dans la ville pour vénérer la Sainte Maison. Tous étaient présents. On commence les fouilles, on arrive bientôt à la fin des saintes murailles, enfoncées moins d'un pied au-dessous du pavé, les architectes et les maîtres-maçons descendent les premiers dans l'ouverture, en tirent une terre superficielle et desséchée, mélangée de petits cailloux à demi écrasés semblables à ceux que l'on trouve dans les sentiers battus et dans les voies publiques. L'archevêque et les prélats assistants s'approchent tous pour s'assurer de ce fait merveilleux. Ils regardent, ils examinent, ils voient avec étonnement que les murs bénis penchent un peu vers l'Occident ; ils passent eux-mêmes les mains par-dessous ; ils remarquent la même inégalité de terrain observée déjà sous Clément VII et certifiée par l'antique tradition. L'évêque de Lorette amena avec une poignée de terre une coquille de limaçon et une noix entière mais desséchée, témoignages sacrés qu'il voulut garder dans son palais, comme souvenir et preuve de la réalité de l'auguste sanctuaire.

Cependant un des plus habiles architectes s'attacha fortement au dessein de creuser plus bas, pour voir à quelle profondeur se trouvait la terre vierge sur laquelle on a coutume d'établir les fondements pour s'assurer de leur solidité. Déjà il s'est tellement enfoncé sous l'un des côtés qu'il disparaît entièrement dans l'excavation. Le gardien Xavier Monti commence à trembler ; le mur de la Sainte Maison est si mince, ne tombera-t-il pas en ruine ? ne se fendra-t-il pas en quelques endroits ? En vain exprime-t-il ses craintes ; le curieux artiste continue ses recherches. Les terrassiers étaient déjà arrivés à la profondeur de huit à neuf pieds, lorsqu'un cri s'élève : « La terre vierge ! la terre vierge ! » Il en ramasse une poignée et sortant tout joyeux, il la montre à tous les assistants qui se retirent en bénissant Dieu dont la main soutient, contre toutes les lois de l'architecture depuis tant de siècles et malgré les secousses des tremblements de terre, la sainte et humble demeure de Marie (1).

Il est impossible, dans un cadre aussi restreint, de citer tous les papes qui ont non seulement visité Lorette mais l'ont comblé de dons et de privilèges. Nous n'avons pu en nommer que quelques-uns ; mais pour clore cette magnifique série qui depuis six siècles les a vus défiler à Lorette, il convient de citer l'immortel Pie IX, et de proclamer ici que c'est à la Vierge de Lorette que nous le devons. C'est elle qui a donné au monde chrétien l'héroïque et doux pontife qui, chargé de tant de croix, a conduit l'église d'un pas si ferme. Nous empruntons à ses historiens, le récit des grâces dont il fut comblé dans la Sainte Maison et des manifestations par lesquelles il a voulu témoigner sa reconnaissance.

Dès son enfance, le jeune comte Jean-Marie Mastaï Ferreti avait été voué à la Sainte Vierge et avait appris à la prier sur les lèvres de sa pieuse mère, qui lui avait donné le nom de Marie. « Mes parents, disait-il un jour à un évêque français, avaient l'habitude de faire chaque année un voyage à la Santa Casa (2) et de nous amener avec eux mes frères et moi ; or, dès l'annonce du départ, je n'en dormais plus. » Sorti du collège il embrassa la carrière des armes ; c'était sa vocation d'être d'une manière spéciale le défenseur du Saint-Siège, comme soldat, comme évêque, comme cardinal, comme pape. Mais Dieu lui fit traverser rapidement le premier degré.

Le jeune comte fut tout à coup frappé d'une maladie terrible, l'épilepsie, sa santé en reçut une profonde atteinte, les médecins se déclarèrent impuissants à combattre le mal, et ils annonçaient

---

(1) Murri... Caillau.

(2) Sinigaglia, sa patrie, est à une dizaine de lieues de Lorette.

déjà l'issue fatale et prochaine. Le saint pape Pie VII aimait Mastaï et lui demanda un jour s'il avait pensé quelquefois à la sainteté de l'état ecclésiastique ; le jeune comte répondit qu'il y avait souvent songé, surtout depuis la maladie qu'il avait plu à Dieu de lui envoyer, mais que l'obstacle qui l'empêchait de continuer la carrière des armes, ne lui permettait pas non plus d'embrasser la carrière ecclésiastique. Pie VII consola le futur Pie IX et l'assura que Dieu le guérirait s'il voulait se consacrer entièrement au service des autels.

Encouragé par les paroles de Pie VII, le jeune Mastaï entreprit le pèlerinage de Lorette pour implorer sa guérison dans la chambre de Marie et fit vœu, s'il obtenait cette faveur, d'embrasser l'état ecclésiastique.

La Sainte Vierge l'exauça, il fut radicalement guéri et revint à Rome pour se faire prêtre ; il avait alors 21 ans. Pie IX s'est magnifiquement acquitté envers Marie en proclamant à la face du monde le dogme de l'Immaculée-Conception.

Mais il voulut encore revenir à Lorette renouveler sa constante reconnaissance à la bonne Mère. Il y retourna en 1857. « C'était, il l'a dit lui-même dans son allocution consistoriale du 25 septembre 1859, le but principal d'un voyage de quatre mois à travers ses Etats qui fut un triomphe continuel, trop semblable hélas ! au triomphe du jour des Rameaux, lequel précéda de si près la douloureuse Passion. Il y arriva le 20 mai à la suite de son divin Maître car le Pape en voyage est toujours précédé de la Sainte Eucharistie afin que le vicaire de Jésus-Christ ne quitte jamais la compagnie de son Dieu et de son modèle. C'était la veille de l'Ascension. Cette grande fête fut célébrée dans la Sainte Maison en compagnie du Pontife qui par ses actes s'est placé au premier rang des serviteurs de Marie. On comprend quel concours de peuple afflua vers Lorette, de l'Ombrie, des Marches, de la Romagne, de toute l'Italie et même des pays les plus éloignés. La foule était immense. Après la messe le saint père se rendit dans une loggia richement ornée d'où la vue dominait toute la large place qui s'étend devant l'église et de là il donna la bénédiction comme il avait coutume de la donner à Rome le jour de l'Ascension. Jamais Lorette n'avait vu une multitude aussi pressée ni plus recueillie et plus joyeuse, jamais de plus sincères acclamations n'avaient salué un souverain. En souvenir de sa visite, l'illustre pèlerin offrit à la Vierge un calice d'or d'un travail exquis (1).

Les Papes, ses prédécesseurs, semblaient avoir épuisé pour la Santa Casa toutes les faveurs de l'Eglise. Néanmoins Pie IX sut encore trouver dans son cœur une faveur nouvelle et ajouter à la couronne de la Vierge de Lorette un nouvel et magnifique fleuron. Par des lettres apostoliques, en date du 26 août 1852, il conféra à ladite Maison le pouvoir de s'affilier dans le monde entier, des églises et des chapelles, et de les faire participer à ses indulgences. Ainsi, comme une Mère perpétuellement féconde, Lorette pourra désormais compter dans l'univers, comme autant de filles bénies, ces églises et chapelles agrégées, auxquelles elle donnera en héritage une part de ses privilèges. Et, dans ces sanctuaires plus rapprochés d'eux, viendront prier et remercier la Vierge toute puissante ceux à qui il n'est pas possible d'aller la visiter dans son sanctuaire des bords de l'Adriatique.

Ajoutons que depuis saint Célestin V jusqu'à Pie IX quarante-six souverains pontifes ont honoré et visité la sainte demeure. On peut dire que depuis Pie II surtout jusqu'à nos jours, il n'y a de tous ceux qui se sont succédé sur le siège de Saint-Pierre, que les seuls papes enlevés prématurément après un règne de quelques jours, qui n'aient pas glorifié Lorette par des hommages particuliers. Encore serait-il possible que certains d'entre eux

---

(1) *Pie IX*, par M. de Saint-Albin, *Lorette et Castelfidardo*, par Ed. Lafond.

lui eussent payé leur tribut, sans qu'il en fut resté des témoignages publics (1).

La Sainte Maison n'est pas construite, comme quelques-uns l'ont pensé, en briques cuites au feu, mais elle est composée de pierres vives et travaillées, légères, rougeâtres, poreuses et imprégnées d'une certaine odeur d'antiquité. Finalement, conclut l'estimable auteur qui a consciencieusement traité toute cette histoire, la Sainte Maison de Lorette est bâtie avec des matériaux inconnus en Italie et communs à Nazareth ; tous les objets qu'elle renferme ont un caractère évident d'antiquité et d'orientalisme, qui ne permettent pas d'en fixer l'origine en Occident. Les dimensions de son étendue se rapportent avec une entière exactitude aux fondements restés à Nazareth, elle subsiste d'une manière miraculeuse en demeurant debout, quoique posée sans fondement sur la terre nue, au milieu des ruines de constructions les plus solides ; toujours elle conserve une entière inviolabilité, sans que jamais on ait pu impunément en ravir la moindre partie. Donc la maison de Nazareth n'est pas un bâtiment ordinaire ; donc elle est une enceinte protégée par la main toute-puissante de Dieu ; donc elle ne s'est pas primitivement élevée sur les terres de l'Italie, mais y a été transportée d'au delà les mers, donc elle est vraiment la chambre dont les bases sont restées comme témoins dans la Galilée, c'est-à-dire la chambre de Marie, la chambre où s'est accompli le plus auguste de nos mystères (Caillau, page 329).

Notre cadre restreint nous interdit la reproduction de preuves plus nombreuses de ce fait extraordinaire et vraiment miraculeux. Nous nous contenterons d'insérer ici la conclusion de Mgr Delalle, l'un de nos savants et saints évêques de Rodez. « Les preuves de ce fait sont tellement » multipliées, tellement précises qu'elles atteignent

(1) Grillot : *La Sainte Maison de Lorette.*

» la rigueur d'une démonstration mathématique, » et que, si elles ne constituent pas un dogme » de foi, elles fondent du moins une entière certi- » tude pour quiconque ne veut pas se jeter dans le » scepticisme historique. »

III

Description de la Basilique.

L'insigne Basilique de Lorette, en Italie, garde et recouvre magnifiquement une incomparable relique : La Sainte Maison de Nazareth.

Qu'on se figure baigné au nord par les flots bleus de l'Adriatique, entouré à droite et à gauche de deux vallées profondes, où serpentent deux cours d'eau qui l'isolent d'autres collines aux molles ondulations, un dôme colossal de verdure ; qu'on se représente cette verte montagne encadrée par les cîmes lointaines des Appennins toute ruisselante de la limpide lumière du soleil d'Italie et l'on aura Lorette telle que la main de Dieu l'a créée.

Lorette telle que l'ont bâtie les hommes, c'est la cité du moyen âge avec ses épaisses murailles, ses créneaux et ses tours. La basilique elle-même, n'était son clocher et sa coupole, vous la prendriez pour un castel ou une forteresse, tant est frappante l'illusion produite par ses nombreuses chapelles qui s'élèvent tout autour en forme de bastions et par la galerie couverte qui, couronnée de créneaux, règne sur le sommet des murs. Quoiqu'il en soit de ce belliqueux appareil, inspiré jadis par les menaçantes invasions des Sarrazins ; la Reine de ces lieux, c'est Marie.

La Santa Casa, c'est-à-dire la Sainte Maison de Marie, n'est point exposé aux intempéries de l'air ; elle est renfermée dans une vaste et magnifique église, où elle tient lieu en quelque sorte de maître-autel. On pénètre dans cette église par trois portes en bronze plus remarquables encore par le travail que par la matière(1). Elles sont couvertes de reliefs, qui rappellent, s'ils ne l'égalent, cette porte du baptistère de Florence que Michel-Ange trouvait digne d'être mis à l'entrée du Paradis. Celle du milieu, plus haute et plus large que les autres, présente sur ces deux battants les principaux faits de l'Ancien Testament, mis en rapport avec ceux du Nouveau ; d'un côté, la figure et la prophétie ; de l'autre, la réalité et l'accomplissement. Les pages de la grande épopée chrétienne qui n'ont pu être écrites sur celle du milieu se trouvent sur les portes latérales, dans de superbes médaillons, entourés d'arabesques. Comme complément, ou plutôt comme rayonnement de traditions sacrées, ces tableaux sont accompagnés de statuettes représentant les sybilles.

Quel est maintenant le terme où vient aboutir cette longue marche des siècles anciens ? Quel est le but de tous les oracles et de toutes les promesses ? Levez les yeux au frontispice ; un groupe divin, l'enfant Jésus dans les bras de sa Mère, vous répondra : « C'est moi le principe et la fin ; moi » l'Alpha et l'Oméga de toutes les prophéties et de » tous les événements du monde antique (2). »

Mais avant de décrire cette splendide basilique, rappelons à quelle époque et à la suite de quelles circonstances elle a été bâtie.

Vers le milieu du xve siècle. dans le but d'arrêter l'invasion des Turcs, déjà maîtres de Constantinople et près de déborder sur le reste de l'Europe, le célèbre Ænéas-Silvius Niccolomini, souverain pontife sous le nom de Pie II, avait convoqué un concile à Mantoue. Lui-même afin d'animer les troupes par sa présence se rendait à Ancône où la flotte était réunie. Mais en chemin

(1) Ces trois portes ont coûté 40 000 écus romains, plus de 200 000 francs de notre monnaie.

(2) Gaume : *Les trois Romes.*

ses forces trahirent son courage. Une fièvre ardente en même temps qu'une toux violente et opiniâtre l'obligèrent à s'arrêter. Bientôt le mal empirant, toute espérance de guérison s'évanouit. Il allait mourir sans avoir pu réaliser sa grande œuvre. Cependant il aperçoit de loin le dôme de Lorette, il sait les faveurs que la sainte Vierge dispose d'une main libérale dans ce sanctuaire; il s'adresse à elle et lui offre par vœu un calice d'or autour duquel il a fait graver cette inscription : « Bonne Mère du Christ, quoique votre puissance ne soit resserrée par aucune limite et qu'elle remplisse le monde de miracles pour tous, comme vous avez voulu de préférence choisir certains lieux, et que vous vous plaisez à illustrer chaque jour par des prodiges et des miracles sans nombre votre bien-aimé sanctuaire de Lorette, moi, pauvre pécheur d'esprit et de cœur, je recours à vous, vous conjurant d'enlever la fièvre qui me brûle et la toux qui m'accable et de rendre à mon corps une santé que je crois utile encore au bien public, Pie II pape, an de salut 1494. »

A peine le vœu est prononcé que la fièvre se calme, la toux s'apaise et les forces lui reviennent. Le miracle ne fait encore que commencer et déjà le pontife impatient de satisfaire à sa promesse s'est mis en route. Plus il approche de Lorette, plus son état s'améliore ; entré dans la chapelle, il s'agenouille devant la sainte image et se relève plein de santé et de vigueur.

Parmi les cardinaux qui accompagnaient Pie II à Lorette se trouvait Pierre Barbo, qui fut depuis Paul II. Atteint de la peste qui sévissait alors dans la marche d'Ancône et craignant pour sa vie il se souvint de la faveur accordée au souverain pontife, et voulut recourir a la même protection. Il se fait transporter à Lorette, s'enferme dans la sainte chapelle; et là, la face prosternée contre terre, il supplie Marie de l'assister. Au milieu de sa prière, un doux et mystérieux sommeil s'empare de lui ; la sainte Vierge lui apparaît, lui annonce la fin de son mal et son élévation prochaine au souverain pontificat. Le cardinal se réveille parfaitement guéri et sort du sanctuaire au milieu de la stupéfaction générale. Dans sa reconnaissance il fait aussitôt appeler le gouverneur de l'église de Lorette et lui donne l'ordre d'acheter en son nom et à ses frais, les matériaux nécessaires pour la construction d'un temple magnifique à édifier à la place de l'ancien. Bientôt il continua comme pape ce qu'il avait commencé comme cardinal. Dans la même année, il fut élevé sur la chaire de Saint-Pierre et c'est lui qui fit jeter les fondements de la basilique qui, de nos jours, abrite la Sainte Maison.

Parmi les pontifes qui eurent à remercier la Vierge de Lorette pour sa protection, citons encore Jules II qui fut, comme l'on sait, non seulement un grand pape mais un grand capitaine. Se rendant à Bologne pour faire rentrer sous son autorité cette ville révoltée, il voulut passer à Lorette et offrir dans la Sainte Chapelle les redoutables mystères. Après avoir imploré la faveur de la Mère de Dieu, il poursuivit sa marche, soumit Bologne, Faenza, Forti, Ravenne et plusieurs autres villes qui s'étaient aussi révoltées. Enfin, entrant en Lombardie, il s'arrêta sous les murs de la Mirandole pour en faire le siège. Un jour, il se trouvait au milieu de ses généraux assemblés en conseil, tout à coup un boulet dirigé contre la tente pontificale brise et renverse tout, sans que le pape ni aucun de ses généraux reçussent la moindre atteinte. Jules II au premier bruit s'était recommandé a la Vierge de Lorette, sous la protection de laquelle il avait dès le commencement mis son expédition. Aussi ne pût-il méconnaître la main qui l'avait sauvé, et dès que la Mirandole eût cédé à ses armes victorieuses, il revint à Lorette pour rendre à sa protectrice de solennelles actions de grâces. Le boulet recueilli par ses ordres fut par lui présenté à la Sainte Vierge et suspendu aux voûtes de la Santa Casa, ou il reste comme un monument de la puissance de Marie et de la reconnaissance du pontife. Dans une bulle datée du 21 octobre 1507, après avoir raconté la gloire de la Maison de Nazareth et ses translations, il confirme et augmente les grâces et privilèges accordés par ses prédécesseurs. Il fit de plus achever sous la direction de Bramante la basilique qu'avait commencée Paul II et à laquelle seize papes prodiguèrent les trésors de leur munificence. Léon X, Adrien IV furent les dignes héritiers du précédent et enfin Clément VII qui s'occupa de réaliser le plan conçu par Léon X pour la décoration extérieure de la basilique et fit en même temps élever la coupole.

Paul III lui succéda en 1534. Dans une de ses bulles parlant de Lorette : « Une tradition pieuse, dit-il, présente à la vénération des peuples la chambre même où la bienheureuse Vierge fut conçue, fut élevée, fut saluée par l'ange et conçut elle-même le Sauveur du monde. » Sous ce pontificat fut enfin découvert et exposé aux regards, au milieu des cris d'admiration de la foule, le revêtement de marbre commencé par Léon X, continué par Clément VII et terminé par Paul III.

L'église a la forme d'une croix latine dont le centre est surmonté de cette coupole qui fait de si loin battre les cœurs et pleurer les yeux des pèlerins. Elle a trois nefs dont les deux latérales se prolongent en déambulatoire autour du chœur. Au milieu s'élève la Sainte Maison en sorte que douze autels forment à Marie une avenue triomphale et neuf autres représentant les neuf chœurs des Anges dont elle est la reine lui font une couronne de gloire.

Quels que soient le mérite et les richesses de ces chapelles, elles palissent devant la magnificence du baptistère qui est dans la sixième. Les fonts seuls ont coûté 80000 francs. Ils sont formés d'un grand vase de bronze au sommet duquel s'élève la statue du Précurseur baptisant le Sauveur du monde. Autour des fonts est représenté en relief tout ce qui, dans l'ancien et le nouveau testament, rappelle le Baptême. D'abord saint Jean prêchant la pénitence sur les bords du Jourdain au milieu du peuple qui l'environne ; on remarque des enfants curieux qui, pour mieux voir, montent sur les arbres qui couvrent les bords du fleuve.

A droite de ce groupe admirable, on voit la circoncision du Sauveur ; à gauche, la guérison de Naaman se baignant par ordre d'Elisée dans les eaux purificatrices du Jourdain. Sur le devant des fonts sacrés, Jésus chassé par des pharisiens rencontre l'aveugle-né, à qui il rend la vue en lui mettant sur les yeux de la boue faite avec sa salive, et lui ordonnant d'aller se laver dans la fontaine de Siloé. A droite, la piscine probatique remplie d'une foule de malades attendant que l'ange descendu du Ciel vienne agiter les eaux miraculeuses. A gauche le diacre saint Philippe rencontre l'eunuque de la reine de Candace, lisant l'Ecriture sans la comprendre, et il lui en explique les mystères ; on dirait qu'on voit courir les chevaux et rouler le char où sont emportés le néophyte et le ministre sacré qui va le laver dans les eaux de la grâce. Quatre statuettes d'un travail exquis sont aux quatre coins du vase pour exprimer les merveilles du baptême. La première représente la Foi avec cette devise : « Elle ne saurait être trompée : *Nescia falli* », la seconde l'Espérance avec ces mots : « Elle ne saurait être ébranlée : *Nescia flecti* » ; la troisième, la Charité, avec cette inscription : « Elle ne saurait être divisée : *Nescia scindi* » ; le quatrième, la Persévérance, avec cette légende : « Elle ne saurait être brisée : *Nescia frangi.* » C'est tout un traité sur le premier sacrement.

Au-dessous de ces statues sont quatre médaillons qui approprient ce baptistère à l'église de Lorette. On peut y suivre les diverses stations de la Sainte Maison, d'abord traversant dans les airs la mer Adriatique, puis s'arrêtant dans le bois des Lauriers, pour passer de là dans la terre des deux frères de Recanati, et venir enfin se fixer dans le lieu où elle repose aujourd'hui.

Au centre de l'église, au-dessous de la grande

coupole s'élève le revêtement de marbre qui recouvre sans les toucher les murailles de la Santa Casa. Ecrin précieux renfermant la sainte relique ; pages immaculées sur lesquelles le ciseau des plus grands artistes a gravé l'histoire de Celui et de Celle qui ont sanctifié, l'un par sa naissance, l'autre par sa conception, tous deux par leur vie l'humble demeure que ce reliquaire renferme.

Des colonnes partagent en intervalles égaux les pages de ce magnifique album. Dans ces intervalles sont représentés les faits de la grande histoire : la Nativité, le Mariage, la Mort et l'Assomption de la Vierge ; la Nativité du Sauveur, l'Adoration des bergers et des mages. Entre chaque couple de colonnes est une double niche : la première pour les Prophètes ; la deuxième pour les Sybilles qui ont prédit la gloire de la Vierge Marie.

A la façade occidentale celle qui regarde la grande nef est adossé l'autel extérieur de l'Annonciation, au-dessus duquel est l'étroite fenêtre grillée qui éclaire l'intérieur de la sainte demeure. On l'appelle communément *fenêtre de l'Ange*, non point parce que l'ange serait entré par là pour saluer la Sainte Vierge mais probablement à cause du bas-relief qui le surmonte (1) et qui est un inestimable chef-d'œuvre.

Au-dessus de la fenêtre se trouve cette Annonciation de marbre que Vassari ne se lassait pas d'admirer. « Le Sansovino y a représenté l'Annonciation de la Vierge avec une grâce si parfaite qu'on ne saurait rien voir de plus beau. La Vierge écoute avec la plus grande attention ce salut ; l'ange est à genoux, on ne le croirait pas en marbre, il est vraiment tout céleste, et on dirait que de sa bouche sort l'*Ave Maria*. Gabriel est accompagné de deux

---

(1) L'Evangile dit que *l'Ange entra dans la maison de Marie*. Or, dit Mgr Bartolini (p. 64), entrer et sortir dans le langage ordinaire, ne s'entendent que de l'entrée et de la sortie naturelles, c'est-à-dire par la porte. Ce nom de *fenêtre de l'Ange*, ne se trouve, du reste, dans aucun auteur antérieur au XVIIe siècle. Ni Riera, ni Tursellin n'en font mention.

autres anges en plein relief, l'un marche derrière lui, l'autre semble voler. Deux autres se tiennent derrière la maison et sont travaillés à ce point que vous les diriez vivants et en l'air. Sur un nuage qui semble ne plus tenir au marbre, un groupe d'enfants soutiennent Dieu le Père qui envoie le Saint-Esprit dans un rayon de marbre ; ce rayon part de sa bouche, il est entièrement détaché du fond et paraît tout naturel ainsi que la colombe, symbole du Saint-Esprit, qui se repose sur lui. On ne saurait exprimer la beauté ni la finesse d'un vase de fleurs où André a déployé toute la grâce de son ciseau, ainsi que dans les ailes des anges, leurs cheveux, l'expression de leurs visages et les draperies de leurs vêtements. En un mot, il a jeté tant de perfection sur cette œuvre divine qu'on ne saurait jamais l'en louer dignement. Et vraiment ce lieu sacré, propre maison de la Mère de Dièu, habitée par son Fils ne pouvait recevoir un plus bel ornement et une plus riche décoration que cette architecture de Bramante et ces sculptures de Sansovino. Revêtez-la de diamants et de perles orientales, que sont tous ces trésors en regard de tels chefs-d'œuvre. » (Vasari, Vita di Andrea Sansovino).

Il semble, dit un auteur, que Sansovino ait voulu reproduire, et il y a réussi, ces tercets de la Divine Comédie :

Là règne un marbre blanc enrichi de sculptures
Telle que Polyclète et même la nature
Eussent été forcés de s'avouer vaincus.

L'Ange qui vint porter à la terre éplorée
La paix, par tant de pleurs si longtemps implorée,
Et qui ouvrit le ciel où l'on n'arrivait plus,

Etait figuré là, si vivant, si céleste,
Si suave et si frais d'attitude et de geste,
Qu'il ne paraissait pas marbre muet et vain.

On eut juré l'ouïr dire : AVE, car tout proche,
Etait sculptée aussi la Vierge sans reproche,
Qui du divin amour tient les clefs dans sa main.

Son maintien exprimait si bien cette parole ;
ECCE ANCILLA DEI ! que sur la cire molle
Le portrait qui s'imprime a moins de vérité.

(DANTE, *Purgatoire*, X.)

Le prophète Jérémie à gauche de l'Annonciation est encore un chef-d'œuvre du Sansovino ; la sybille lybique au-dessus est de J.-B. Della Porta. On connaît l'oracle de Jérémie : « Le Seigneur a créé sur la terre un prodige nouveau : une femme renfermera un homme dans son sein. » Voilà ce qu'on attribue à la sybille lybique. « Le jour arrive où le prince de l'éternité, éclairant la terre, réjoui, effacera les crimes des hommes. Il fera justice à tous. Le roi saint qui vit dans tous les siècles viendra se reposer dans le sein de la reine du monde. »

Au milieu de la façade orientale sont deux grandes sculptures superposées l'une à l'autre. Sur la plus basse, sont représentées les quatre *translations de la Sainte Maison* ; sur l'autre, *la mort de la Sainte Vierge* ; les apôtres l'entourent ; des anges voltigeant dans les airs, semblent attendre le moment de l'enlever dans la gloire ; tandis qu'une troupe de Juifs cherchent à dérober le précieux dépôt. Au-dessous de ces sculptures, on lit l'inscription suivante gravée par l'ordre de Clément VIII.

« Chrétien étranger, qui, conduit par le vœu de la piété êtes venu dans ce lieu, vous voyez la maison de Lorette, vénérable aux yeux de tout l'univers par ses divins mystères et par la gloire de ses miracles. C'est là que la très sainte Vierge Marie mère de Dieu a vu le jour ; là qu'elle a été salué par l'ange ; là que le Verbe éternel de Dieu s'est fait chair. Transporté d'abord par les anges de la Palestine à la ville de Tersatz, en Illyre, l'an du salut 1291, sous le pontificat de Nicolas IV ; trois ans après, au commencement du règne de Boniface VIII, elle a passé, soutenue toujours par les esprits célestes, sur la terre d'Ancône, près de la ville de Recanati, dans un bois de cette colline, où, après avoir changé trois fois de place dans l'espace d'une année ; elle a enfin, par un effet de la Providence, fixé ici son séjour depuis 300 ans. Dès lors, la nouveauté d'un si grand prodige ayant frappé d'admiration les peuples voisins et le bruit des miracles opérés dans ce lieu s'étant propagé au loin, toutes les nations ont environné de leur respect cette Sainte Maison, dont les murailles, quoique posées sans fondement sur la terre, demeurent après tant de siècles, solides et dans une parfaite intégrité. Le pape Clément VII l'a revêtue de toutes parts de cet ornement de marbre dans l'année 1525. Clément VIII a commandé d'écrire sur cette pierre une courte histoire de cette admirable translation, l'an 1595. Antoine-Marie Gallo, cardinal-prêtre de la sainte Eglise romaine, protecteur de la Sainte Maison a pris soin de faire exécuter cet ordre. Pour vous, pieux étranger, vénérez religieusement la reine des anges et la mère des grâces, afin que par ses mérites et par ses prières, vous obteniez de son aimable fils, auteur de la vie, le pardon de vos péchés, la santé du corps et les joies de l'éternité. »

Les quatre portes en bronze sont de Jerôme Lombard ; elles méritent être examinées même après celles de la basilique.

Sur la première, au midi, sont représentées l'Incarnation et la Nativité du Sauveur.

Sur la seconde, l'Adoration des mages et Jésus parmi les docteurs.

Sur la troisième, la Flagellation et la Prière au Jardin des Oliviers. La tête du Sauveur est usée par les baisers des fidèles.

Sur la quatrième, Jésus montant au Calvaire et Jésus en Croix.

N'oublions pas que la plupart des artistes qui ont exécuté ses chefs-d'œuvre ont offert a la sainte Vierge l'hommage de leur beau talent, et n'ont voulu recevoir aucune rétribution.

Enfin on entre dans la Sainte Maison par deux portes latérales qui se trouvent près de l'extrémité occidentale. Elle a trente pieds de longueur, treize de largeur et à peu près autant d'élévation. Les murailles ont un pied deux pouces d'épaisseur. Elles sont faites de simples pierres rouges comme de la brique, et rendues toutes luisantes par les baisers des pèlerins. On a vainement cherché semblables pierres dans toutes les contrées environnantes, tandis que c'est la pierre ordinaire des carrières de Nazareth Palestine.

Les murailles sont isolées du revêtement de marbre; nulle fondation ne les soutient, et même d'un côté, à cause de l'inégalité du terrain, elles ne touchent point le sol. Aussi, au témoignage des plus habiles architectes, la conservation seule de cette maison, debout dans des conditions pareilles, serait comme un miracle perpétuel. Le plafond autrefois uni et parsemé de petites étoiles dorées était surmonté d'un toit au plan légèrement incliné. Il a été remplacé sous le pontificat de Paul III au XVIe siècle par une voute élégante dont le fond bleu céleste est découpé en petits carrés également parsemé d'étoiles d'or. En construisant cette voute, on laissa au milieu de sa partie supérieure une ouverture de forme ovale pour faciliter la circulation de l'air dans la sainte chapelle échauffée par la multitude des cierges et l'affluence des pèlerins

Au couchant est la fenêtre de l'Annonciation garnie d'une grille en bronze ciselé. Au-dessus est l'antique Croix grecque, elle est large et haute de cinq pans, faite d'un ais large de deux pans, en haut la tête de la Croix, à l'extrémité des deux bras, l'image de Notre-Dame à la droite et de Saint Jean à la gauche, et au milieu l'image de Notre Seigneur crucifié, sur une toile collée au bois, sans être nullement gâtée depuis tant de siècles (1).

---

(1) L'ancienne toiture de la Santa Casa n'existe plus. Une pièce de la charpente primitive est au niveau du pavé, où continuellement foulée par les pieds des milliers de pèlerins, *elle demeure sans altération*. Une autre poutre primitive a été conservée qui traverse la chapelle et supporte les 70 lampes en argent et en vermeil qui brûlent devant la Sainte Vierge comme une constellation perpétuelle. Plusieurs têtes de solives qui soutenait autrefois le plafond se trouvent

Vers le fond opposé, mais non adossé à la muraille, s'élève l'autel qui est celui-là même sur lequel a célébré saint Pierre. Il a été recouvert en bois et d'ornements précieux. A gauche de l'autel est la sainte armoire apportée aussi avec la maison et renfermée maintenant dans un buffet moderne. Là sont conservées deux petites écuelles en formes de tasses. Derrière l'autel est un espace libre qu'on appelle le Sancto Camino à cause de la cheminée placée dans le fond. Et à côté de la cheminée à droite se présente une petite excavation pratiquée dans la muraille, comme on en voit encore dans les maisons des pauvres. On y conserve un troisième vase ou écuelle qu'on fait baiser aux pèlerins. Elle est extérieurement recouverte de ciselures d'or sur lesquelles sont gravées les mystères de l'Annonciation et de la Nativité du Sauveur. Vases sacrés qui ont été journellement entre les mains de Jésus et de Marie, saint Joseph y a étanché sa soif, l'enfant Jésus y a pris ses petits repas.

Au-dessus de la sainte cheminée, dans une niche autrefois toute d'or et parsemée de pierres précieuses, mais aujourd'hui décorée seulement d'arabesques en bois doré, on vénère l'antique statue de la bienheureuse Vierge tenant l'Enfant Jésus dans ses bras. Elle a 87 centimètres de hauteur, en bois de cèdre du Liban elle a été sculptée par saint Luc, qui était tout à la fois écrivain, peintre, sculpteur et médecin. Les bijoux sans nombre dont l'avaient dépouillé les révolutionnaires, ont été remplacés par de nouveaux dons, l'or les diamants et les perles brillèrent de toute part sur la tête, les vêtements et les bandelettes de velours qui décorent l'image sacrée

Telle est la maison qu'habitait la sainte Vierge à Nazareth. C'est *ici*, dans ce réduit étroit et incommode, que le Verbe a daigné se faire chair dans le sein de Marie pour habiter parmi nous : *Hic Ver-*

---

aujourd'hui rivées au niveau du mur. Or toutes ces pièces et d'aures encore sont en cèdre, bois étranger à l'Italie et très commun au contraire en Palestine. Les tuiles ont été placées dans le pavé actuel.

bum caro factum est. Cette inscription, qu'on lit en lettres d'or sur l'autel, frappe les yeux du prêtre célébrant les saints mystères. Ce mot *hic* (ici) a pour le cœur un charme, une douceur qu'on ne peut sentir et comprendre que sur les lieux. C'est *ici* le théâtre de l'un des plus grands mystères qui se soient accomplis dans le monde.

Il y a 1900 ans et plus, une ambassade incomparable se préparait dans les cieux ; et, tressaillant d'un légitime et saint orgueil, l'archange quittait le céleste séjour. Radieux, il a pris son essor ; où va-t-il ?

Sans s'arrêter aux grandes cités de Rome et d'Athènes, sans même donner un regard aux splendeurs des royales demeures, il descend à Nazareth, en Galilée, dans une pauvre maison.

Et cette maison où descendit l'archange la voici : *Hic Verbum caro factum est.*

Et dans cette demeure pauvre elle-même humblement cachée, une jeune fille priait. C'était sa maison natale, le modeste toit de ses pères, et cette Vierge s'appelle Marie. Et plein de respect, l'ange la salua ; il lui dit le vœu de la Trinité sainte. Et alors il y eut un moment, où dans ce saint asile, le salut du monde, les décrets éternels furent en toute réalité suspendus aux lèvres de l'humble Vierge. Enfin un *fiat*, non moins puissant que celui de la création, enfante une des plus étonnantes merveilles : « Voici la servante du Seigneur, qu'il me soit fait selon votre parole ! » Et aussitôt les cieux s'ébranlent, des légions d'anges descendent pour faire cortège au fils de Dieu, et le Verbe éternel, sans quitter le sein de son père, où il demeure éternellement, prend un corps et une âme semblables aux nôtres dans le sein de Marie. Et la maison où ces prodiges s'accomplirent, la voici : *Hic Verbum caro factum est.*

Voici l'asile où le Verbe divin qui créa le monde, habita dans une forme visible parmi les hommes. Voici le seuil qu'il a si souvent franchi, le foyer où il venait s'asseoir, les murailles qui ont vu sa pauvreté, son travail, qui ont entendu sa voix divine, la voix de sa mère et de son père nourricier. Oh ! si ces pierres pouvaient parler ! Si elles pouvaient redire au monde ce qu'elles savent du grand mystère dont elles furent si longtemps les témoins !

IV

Dieu veille à l'intégrité de la Sainte Maison.

Dieu avait montré par l'événement arrivé à Nérucci, qu'il ne cédait qu'à l'autorité de son vicaire ; aussi dans la suite malheur à quiconque par une dévotion téméraire présuma de ravir la moindre parcelle de la maison natale de la vierge Marie ! (1)

En 1559 on voyait arriver à Lorette un noble seigneur d'une des principales villes d'Italie, rapportant une petite pierre qu'il avait prise et gardée par piété. La mort de ses enfants, la perte de tous ses biens, de graves infirmités lui avaient fait comprendre que la colère de Dieu était sur lui et une lumière surnaturelle lui en avait révélé la cause. La promesse de restituer l'objet ravi avait suffi pour dissiper un moment ses souffrances. Le noble seigneur confessa publiquement sa faute et la pierre fut remise à la place qu'elle devait occuper.

Un prodige semblable eut encore lieu dans l'année 1585. Un habitant de Palerme avait aussi dérobé une pierre des saintes murailles; croyant, dans la possession de cette relique, trouver des grâces et des faveurs ; il ne devait en recueillir que des peines vengeresses. Pendant vingt ans il fut

(1) Il est défendu au peuple de rien égratigner de ces murs, dit Montaigne, un des dévots pèlerins de Lorette, et s'il était permis d'en emporter il n'y en aurait pas pour trois jours. (*Voyage en Italie*)

tourmenté d'une infirmité cruelle, qui commencée à l'instant du larcin devenait chaque année plus aiguë à l'approche du jour où la faute avait été commise. La maladie déconcertait la science des médecins et trompait tous leurs efforts ; ils ne savaient ni en assigner la cause ni en découvrir le remède. Le coupable lui-même plongé dans une illusion profonde ne se doutait pas du principe de son mal. Un jour pourtant cette idée se présente à son esprit, et il fait part de ses doutes à un prêtre vénérable par ses talents et sa piété. L'homme de Dieu n'hésite pas à lui déclarer que ce doit être là l'origine de ses douleurs et qu'une prompte restitution est probablement l'unique moyen d'obtenir sa guérison. Aussitôt la pierre est envoyée par l'entremise du cardinal protecteur, au gouverneur de Lorette. Une procession fut ordonnée pour aller au devant de cette auguste relique jusqu'à la porte de la ville ; à la vue de tout le peuple on la remit en place ; et tandis que s'accomplissait à Lorette cette cérémonie réparatrice, le malade à Palerme, recouvrait sa santé perdue depuis vingt ans (1).

Mais c'est dans le fait que nous allons raconter que parut de la manière la plus frappante l'intervention de la Providence, veillant à l'intégrité de la Sainte Maison. Jean Suarez, évêque de Coïmbre en Portugal, se rendant au Concile de Trente en 1561, se détourna de sa route pour faire le pèlerinage de Lorette. Dans la ferveur de sa dévotion, il demanda une pierre de cette maison sainte pour la déposer comme une relique dans une chapelle qu'il voulait faire élever dans son diocèse sur le modèle de la Santa Casa. Le cardinal protecteur et le gouverneur de la ville s'y refusèrent formellement, en faisant valoir l'excommunication prononcée par le pape contre quiconque oserait toucher aux saintes murailles. Rebuté à Lorette, le prélat écrivit directement au pape Pie IV et il fit valoir tant de raisons, et supplia tellement qu'il obtint du pape

(1) Tursellin.

un bref qui l'autorisait à emporter une pierre de la précieuse demeure.

A cette nouvelle la consternation fut grande dans Lorette. On craignait les conséquences du premier exemple d'une atteinte portée à l'auguste sanctuaire ; on redoutait pour cet outrage quelque calamité publique. Cependant l'ordre du Souverain Pontife fut plus fort que la douleur ; mais au moment de l'accomplir, personne ne voulut prêter son bras à cet acte périlleux. Alors François Stella, chapelain de l'évêque, se décida à exécuter l'ordre de son maître ; il s'arma d'un ciseau et tira avec effort une pierre, au milieu des murmures du clergé et du peuple. Les habitants de Lorette n'avaient pas oubliés les précédents exemples, et chacun se disait que l'évêque de Coïmbre n'aurait pas longtemps à jouir de cet enlèvement, que la vengeance du Ciel forcerait bientôt les ravisseurs à rapporter ce qu'ils avaient pris. Ces pressentiments et ces menaces ne laissaient pas que de faire sur le chapelain et l'évêque une impression profonde. Pendant toute une semaine il retarda son départ ; chaque jour il venait prosterné devant Marie, chercher à lui faire oublier par la ferveur de ses prières, la hardiesse de son action. Enfin le premier jour de décembre, il se met en route pour aller rejoindre l'évêque de Coïmbre qui l'avait devancé à Trente. Les obstacles semblent naître sur ses pas ; ses chevaux s'abattent, il tombe dans des précipices : il s'égare dans les forêts, plus d'une fois il est sur le point de se noyer dans des torrents débordés ; tout lui montre une puissance surnaturelle qui le poursuit de sa colère. Pourtant malgré tant de périls, il finit par arriver à Trente, et remet le dépôt sacré à l'évêque, en lui racontant ce qu'il lui a coûté. Le prélat ne comprit pas cette leçon que la Providence lui donnait dans la personne de son chapelain ; il devait l'apprendre à ses dépens. Vers les derniers jours de février la pierre, renfermée dans une cassette d'argent, allait être envoyée en Portugal ; mais l'évêque se sent attaqué d'une fièvre brûlante. A la fièvre se joint une douleur de côté qui ne lui permet pas de prendre un instant de sommeil. Les médecins appelés déclarent que la maladie n'a rien d'humain, que leur art est impuissant à la combattre. L'évêque commence à penser plus sérieusement à la pierre de Lorette, et à soupçonner la cause de son mal. Deux saintes communautés religieuses, aux prières desquelles on l'avait recommandé, lui répondent dans des termes presque semblables qu'il n'y a point de guérison possible s'il ne rend à Lorette ce qu'il a enlevé; pourtant ces pieuses filles ignoraient entièrement ce qui s'était passé. L'évêque ordonne à l'instant même à un chapelain de reporter la pierre si malheureusement ravie. Stella part aussitôt; devant lui cette fois les obstacles s'aplanissent; quatre jours lui suffirent pour franchir la distance qui sépare Trente de Lorette. Cependant à peine il est en route, que le malade se sent soulagé; plus la sainte relique se rapproche de sa destination, plus les douleurs diminuent; et, au moment où on la remettait à sa place, le prélat reprenait toutes ses forces et sa santé. Pour attester la vérité de tous ces faits, il écrivit de sa propre main au gouverneur de Lorette la lettre suivante. On en renferma dans l'armoire de la Sainte Chapelle, une copie authentique, l'original se conserve à Rome dans la bibliothèque du Vatican.

« Dieu et sa sainte Mère m'ont fait entendre par des signes certains que je devais envoyer à Lorette la pierre que j'en avais emportée, car, par la permission divine, une maladie étrange est venue abattre ma santé jusque-là toujours robuste, et j'ai connu clairement, par l'avis de personnes pieuses et agréables à Dieu, que c'était là l'unique cause de mon mal. Alors je me hâtai de demander à Dieu et à sa sainte Mère le pardon et la paix, et j'ordonnai que la pierre fut reportée à sa même place, par le même François Stella d'Arezzo, mon aumônier, qui l'en avait tirée. Je vous prie et vous conjure de recevoir la pierre avec la chaux qui l'environne, et de la réintégrer dans son lieu avec la dévotion et la solennité convenable. Je vous demande aussi de vouloir bien garder les petits coffres d'argent qui renferment la pierre et la chaux en témoignage du miracle et pour en conserver éternellement la mémoire à la postérité. Vous m'obligerez aussi beaucoup de rendre un compte exact de ce qui s'est passé au cardinal protecteur et à Sa Sainteté, afin qu'à l'avenir elle confirme les censures ecclésiastiques contre les violateurs de la Sainte Maison, pour empêcher d'en rien enlever. Votre seigneurie voudra bien aussi, avec les bons prêtres du sanctuaire de Marie, présenter à la bienheureuse Vierge d'humbles prières afin qu'elle daigne me pardonner mon erreur ou ma faute. — Trente, le 8 avril 1562. »

On distingue encore aujourd'hui, dans le mur au nord de la Sainte Maison, cette pierre miraculeuse que les pèlerins regardent avec autant de vénération que de crainte. Il serait facile de grossir ce chapitre de plusieurs autres faits du même genre (1).

Gaudenti, dans son histoire de la Sainte Maison, imprimée en italien l'an 1784, en rapporte plusieurs qui sont arrivés de son temps. Nous lui empruntons le récit suivant :

Un officier français, que par égard pour sa famille il ne veut pas nommer, reçut un jour un petit paquet renfermant des fragments de pierres et de ciment, avec prière instante de remettre sur le champ ces objets aux gardiens de la Sainte Maison. Ce message inattendu le fait sourire, puis il se met à plaisanter de la simplicité et de l'empressement de celui qui le lui avait adressé. « Prenez-y garde, lui dit un habitant de Lorette qui se trouvait là ; ces sortes de choses sont ordinairement très sérieuses, et je vous conseille fort de ne pas différer l'exécution du message. » Et l'officier de rire de plus belle, mais cette fois aux dépens du Lorétain lui-

(1) Grillot : *La Sainte Maison de Lorette.*

même. « Enfin, lui dit-il, tranquillisez-vous, je m'en occuperai... quand je n'aurai rien de mieux à faire. »

Quelques instants s'étaient à peine écoulés qu'il est saisi d'un violent accès de fièvre, réduit en quelques heures à l'extrémité et abandonné des médecins. On dut lui administrer les derniers sacrements une heure après le coucher du soleil. Il se souvint alors de la commission dont il avait été chargé, fait venir le curé de la paroisse, D. Etienne Belli, et lui remet les reliques auxquelles il commence à attribuer son mal.

A partir de ce moment, un mieux sensible se déclare dans son état ; et le danger s'éloigne et disparaît. Le lendemain matin il allait dans la Sainte Maison faire amende honorable à la Sainte Vierge et la remercier de la miséricorde dont elle avait usé à son égard. Il est encore aujourd'hui en France, dit le P. Caillau, plusieurs personnes qui ont éprouvé aussi le danger de vouloir s'approprier même quelques raclures des saintes murailles. L'auteur d'un opuscule anonyme sur la Santa Casa affirme connaître tout particulièrement une personne en pèlerinage avec lui à Lorette en 1861, qui, ignorant la défense de toucher aux saintes murailles, recueillit, comme une relique précieuse, quelques grains de poussière sur le parvis du foyer de la Sainte Maison. Mais la nuit suivante, cette personne ne put jouir d'un instant de repos ; sans être malade, elle se trouva dans une agitation complète de tous ses membres. Pendant sa longue insomnie, il lui semblait voir la madone de la Santa Casa qui la regardait d'un œil sévère et lui reprochait son larcin. Dès le lendemain matin, le petit dépôt était remis à sa place, et le calme renaissait dans l'âme de l'indiscret pèlerin.

Il est arrivé aussi qu'une rapacité sacrilège concevable après tout dans le cœur des barbares s'est allumé même dans des poitrines de chrétiens. Sous le pontificat de Léon X, contre qui il s'était révolté, le duc d'Urbin s'était jeté dans la Marche avec une armée composée de bandes indisciplinées écume de toutes les nations. Les richesses de la Santa Casa tentèrent la convoitise de ces hommes ; ils formèrent entr'eux le dessein de la piller. Le duc d'Urbin qui n'avait point comme eux dépouillé tout sentiment de piété, s'efforça de les détourner de leur criminel projet ; avis, prières, menaces, tout fut inutile. Contraint de suivre ceux qu'il aurait dû conduire, le duc se proposait au moins de modérer leur fureur. Le corps de son armée s'était mis en marche, quand tout à coup l'avant-garde se replie en désordre ; une bande de loups furieux s'était jetée sur elle et avait dévoré plusieurs de ses hommes ; les autres protestent qu'une puissance divine protège le sanctuaire. Néanmoins, le reste des troupes sans se déconcerter continue à avancer, bien décidé, quoiqu'il arrive, à poursuivre jusqu'au bout son entreprise. Mais à peine apparaît dans le lointain le dôme de la basilique, qu'un tremblement subit s'empare des profanateurs, une nuée mystérieuse environnant l'édifice redouble leur effroi et, subitement changés, ces hommes qui étaient venus pour profaner et ravir tombent à genoux devant l'auguste sanctuaire, demandant à grands cris pardon de leur audacieux attentat ; puis ils se dépouillent de ce qu'ils ont de plus précieux et l'offrent en hommage à Marie. Ravi de ce changement inattendu qui épargne à sa conscience un crime et à sa mémoire un opprobre ineffaçable, le duc d'Urbin détache son épée et la suspend à l'entrée de la chapelle ; en même temps il fait vœu d'évacuer le territoire de la Marche d'Ancône qui fut ainsi délivré de la dévastation et du pillage (1).

A certains jours on époussette les murs de la Santa Casa ; la poussière recueillie sur des linges gommés est ensuite renfermée dans du papier plié en forme de lettre, scellés du sceau de la Santa Casa que les pèlerins peuvent emporter sans

(1) Grillot : *La Sainte Maison de Lorette.*

crainte parce qu'ils ont été donnés par l'autorité légitime, ainsi que des croix, chapelets, médailles, images, etc., bénits par le contact des saintes murailles et de l'écuelle de l'Enfant Jésus, des cierges bénits sur lesquels sont peintes la figure de la statue et celle de la Sainte Maison. On les fait brûler très souvent avec succès dans les maladies surtout pendant l'agonie des malades.

Des tasses et des vases de faïence portent l'image de la Sainte Vierge et de la Sainte Maison faites avec la poussière des murailles et de la terre, du pavé de la Sainte Maison (1) Pendant la Semaine Sainte la madone de la Santa Casa a aussi ses jours de deuil ; elle quitte alors sa robe splendide pour prendre des voiles de gaze noirs. Ces voiles sont ensuite découpés en une infinité de petits morceaux que l'on distribue aux pèlerins après leur avoir fait toucher les murailles, les vases et les vêtements dont était revêtue la sainte statue quand eut lieu la translation de la Sainte Maison ainsi que l'indique l'attestation authentique imprimée au bas du voile.

On emporte aussi des clochettes de différentes grandeurs qui ont sonné dans la Sainte Maison. On les fait sonner avec succès durant la tempête pour se préserver de la foudre (chacun en peut sonner l'*Angelus*).

La vierge était vêtue d'une robe de laine rouge que l'on conserve dans le trésor.

Nous pensons qu'on lira avec plaisir quelques détails sur l'état présent du pèlerinage.

On célèbre chaque jour environ 120 messes dans l'église de Lorette. A l'autel de la Santa Casa, on offre par privilège, le divin sacrifice depuis l'aurore jusqu'à la fin des vêpres. Les communions peuvent se faire à tous les autels ; mais elles se font plus généralement à celui du Très Saint-Sacrement où elles sont en moyenne de 7000 tous les quinze jours. Ce chiffre augmente lorsqu'il se ren-

(1) R. P. Portes, ex-pénitencier.

contre une fête. Dans l'intérieur de la Santa Casa il y a habituellement de 50 à 200 communions les jours ordinaires. A l'autel de l'Annonciation elles s'élèvent quelques fois jusqu'à 5 000.

Dans la première quinzaine de septembre à l'occasion de la Nativité de la Sainte Vierge, on distribue de 40 000 à 50 000 hosties. Le concours commence avant la foire de Recanati, trente jours avant la fête, et se continue pendant l'octave entière. Le 8 septembre il est souvent presque impossible de pénétrer dans la Sainte Maison et même dans la basilique. L'hiver ne permet pas aux fidèles d'arriver en aussi grand nombre pour la fête de la Translation le 10 décembre. Néanmoins malgré les rigueurs de la saison et la difficulté des chemins, on compte plusieurs milliers de pèlerins ce jour là. La fête de l'Annonciation tient le milieu entre les deux autres.

Gaudenti donne pour son temps (1791) les chiffres suivants. (Les mois de mai et de septembre sont les époques où l'affluence est la plus considérable. A toutes les grandes fêtes, et particulièrement aux fêtes de la Sainte Vierge, Lorette a 5, 6 jusqu'à 10 000 étrangers. Les pères capucins chargés de préparer les hosties pour la cérémonie ont compté qu'il en avait été consommé plus de 50 000 dans le mois de mai plus de 60 000 en septembre. Le mois de septembre 1780 je voulus avoir le chiffre précis, il était de 66 000.) (Storia delle S. Casa.)

V

Les Pèlerins de Lorette en général.

Après les Papes, dont nous avons parlé plus haut et qui visitèrent Lorette ainsi que les empereurs, les rois, les princes que nous ne pouvons nommer dans ce petit ouvrage, voici venir les saints ; un auteur du siècle dernier en comptait plus de 160 ; parmi cette belle pléiade il convient d'en citer au moins quelques-uns. D'abord quatre saints François : Saint François de Paule, saint François de Borgia, saint François-Xavier, saint François de Sales.

Saint Ignace de Loyola qui vint mettre sa compagnie naissante sous la protection de Marie et à sa suite deux jeunes saints, fleurs de la Compagnie de Jésus, saint Louis de Gonzague et saint Stanislas de Kostka.

Saint Nicolas de Tolentino, contemporain de la translation et à qui elle fut miraculeusement révélée. Nicolas résidait à Fermo, tous les jours et plusieurs fois par jour il allait à une des fenêtres du couvent qui donnait sur la mer Adriatique. Là je ne sais quelle vision céleste ravissait son âme ; il se prosternait et sa prière devenait une véritable extase. Un jour le prieur le surprit dans cette contemplation et lui en demanda la raison. « Mon père, répondit le saint religieux, j'attends de ce côté (et il montra le rivage opposé de la mer) un trésor d'un prix inestimable. » Quelques années après, la Sainte Maison apparaissait et il avait la révélation de son origine en même temps que Frère Paul della Selva.

Sainte Brigitte, à qui Dieu fait connaître les grandeurs de la divine maison dans une révélation où il lui avait dit : « Quiconque ira au lieu où Marie est née et a été élevée non seulement sera purifié, mais deviendra même un vase d'honneur. »

Une autre figure que nous devons saluer entre toutes, c'est celle du grand archevêque de Milan, saint Charles Borromée. « Il fut souvent à la maison de Lorette », est-il dit à sa louange dans les pièces de la béatification. Dans sa dernière visite en 1579, il fit le voyage à pied depuis Fossombrone, distant de plus de 20 lieues.

Pendant tout le chemin, il demeura recueilli et en prières, sans être distrait par le tumulte de la multitude qui se pressait de toutes parts sur son passage. Arrivé à Lorette, la veille de la Nativité de la Très Sainte Vierge, il alla droit à la chapelle et y demeura toute la nuit en oraison. Le lendemain matin, il chanta à l'autel de l'Annonciation la messe pontificale et prêcha avec tant de ferveur sur l'amour de Dieu incarné qu'il fit fondre en larmes tous les auditeurs (1) puis il distribua le pain des anges à un peuple immense, qui s'estimait heureux d'avoir vu, d'avoir entendu un saint, et d'avoir reçu de sa main le corps et le sang de Jésus-Christ, dans le lieu même où il s'incarna pour le salut des hommes.

Un autre pèlerin de Notre-Dame de Lorette fut saint Benoît-Joseph Labre, qui comme le remarque Mgr l'évêque d'Arras, ne fut ni un religieux, ni un ermite ; il fut un pèlerin, pendant treize ans il parcourut la France, l'Italie, l'Allemagne, la Suisse, l'Espagne, mais revenait toujours de préférence, comme la colombe à son nid, à Lorette, qu'il visita onze fois. Dans son panégyrique prononcé à Arras par Mgr Pie, l'éminent évêque de Poitiers s'exprime ainsi :

« Lorette et Rome sont ses rendez-vous. Ses compagnons de route, ce sont les saints, avant tout, c'est l'apôtre saint Jacques, qu'il est allé visiter à Compostelle et qui est le grand protecteur des pèlerins. Mais la plus douce compagnie de Benoît Labre, c'est Jésus et sa Mère, Lorette, le sanctuaire où s'accomplit le mystère de l'Incarnation, le sanctuaire de toutes les vertus intimes de la Sainte Famille. Benoît qui porte aussi le nom de Joseph et qui honore grandement le chaste époux de la divine Vierge, Benoit voudrait ne s'en détacher jamais. »

Nous nous arrêtons, ne pouvant citer tout ce magnifique cortège de saints, pour décrire un autre grand spectacle dont fut témoin cette sainte demeure.

---

(1) Il est défendu de prêcher dans la Santa Casa elle-même, on en devine aisément la raison. Ses murs parlent plus éloquemment au cœur qu'un prédicateur quel qu'il soit, eut-il dans la poitrine un cœur d'apôtre et sur les lèvres la parole des anges.

Dix mille hommes, un jour, gravissaient pieds nus le rapide coteau de Lorette. A leur tête, marchait le guerrier qui venait de sauver à Lépante l'Europe chrétienne de la barbarie musulmane. Don Juan d'Autriche offrit à Marie, par qui il avait vaincu, cent dix-sept casques et quelques drapeaux pris aux ennemis, tandis que les dix mille esclaves délivrés, qui l'accompagnaient, présentaient à leur libératrice leurs fers brisés. C'est avec ces fers qu'on a fait les magnifiques balustrades qui protègent toutes les chapelles de la basilique.

La victoire de Lépante est attribuée, par un grand nombre d'auteurs, à la Vierge de Lorette. Pour appeler son secours dans la lutte suprême où allait se jouer les destinées de l'Europe, saint Pie V avait ordonné de faire dans la Santa Casa de publiques et continuelles prières. La vision qu'il eut de la victoire, au moment où elle se décidait sur les flots de la mer Iodienne, fut le gage de cette protection de la Sainte Vierge.

N'oublions pas, parmi les pèlerins de Lorette, l'auteur de la Jérusalem délivrée. En se rendant de Mantoue à Rome, Le Tasse se détourna de son chemin pour aller acquitter, à la Santa Casa, un vœu qu'il avait fait dans sa prison. Pauvre comme un poète, n'ayant point d'or à donner, il tira de son génie et de son cœur, un chant qui est le plus beau cantique qu'on ait fait en l'honneur de Notre-Dame de Lorette. Ne pouvant, faute d'espace, le donner ici tout entier, nous en citerons deux strophes, dont nous empruntons la traduction à l'auteur de Lorette et Castelfidardo.

Vierge, c'est donc ici que la troupe angélique
Déposa ta demeure en traversant les mers.
Des murs de Nazareth, jusqu'à l'Adriatique,
Voyage merveilleux, accompli dans les airs.
O montagne trois fois sacrée,
Par un tel dépôt honorée !
Béni le jour qui l'apporta !
Tremblant je m'incline et je pleure
Devant cette pauvre demeure

Où le grand miracle éclata,
Où l'ange apparut à Marie,
Où le Sauveur cacha sa vie,
Jusqu'au grand jour de Golgotha !
. . . .

Et de la Dalmatie aux bords lointains du Tage,
Des mers de l'Orient aux rivages du Nord,
Voici de siècle en siècle, un long pèlerinage,
Des malades guéris, triomphants de la mort !
Foule grossissante qui prie
Devant ton autel, ô Marie !
Chacun t'accable de présents :
Les pauvres t'offrent leurs souffrances,
Les affligés leurs espérances,
Les poètes leurs plus beaux chants ;
Les souverains comme les Mages,
Viennent t'y rendre leurs hommages,
Portant l'or, la myrrhe et l'encens !
. . . .

Cervantès fit également en 1500 le pèlerinage de la Santa Casa.

Placée comme un phare au bord de la mer, Lorette semble solliciter le navigateur à venir jeter l'ancre à ses pieds, d'autant plus qu'on est toujours assuré de la protection de Celle qu'on vient y vénérer.

Nous en citerons un exemple : Un jour, veille de l'Annonciation, neuf grosses barques se trouvèrent en mer non loin de Lorette : l'équipage témoigna le désir de s'y rendre le lendemain ; mais le patron s'y opposait dans la crainte des Turcs. Un matelot, nommé Antonio, dit qu'il se faisait fort de garder tout seul le convoi sous la protection de la Sainte Vierge; sa confiance en inspira à tous les autres, au patron même qui consentit à tout. Antonio resta seul. Au bout d'une heure il apperçoit une flotte turque qui s'avance pour enlever les barques ; il se recommande avec ferveur à Marie, en lui rappelant que c'était pour aller l'honorer dans sa maison, qu'on avait tout quitté. Il se mit à la tête du pont de la barque la plus exposée et se tapit tenant une hache à la main. Quelques moments après il sent la barque ébranlée ; un Turc avait mis la main sur le bord. Antonio se lève sur ses genoux, et, d'un coup de hache coupe le poignet au mécréant, dont la main retombe au fond de la barque. Antonio se tapit de nouveau ; mais le Turc mutilé a poussé un cri si effroyable qu'il a jeté l'épouvante parmi ses compagnons. « C'est un piège, s'écrie-t-il, qu'on nous tend ici ; ces barques sont pleines de gens armés qui se cachent pour nous surprendre. » Et les Turcs de se retirer à la hâte. Antonio, levant la tête au bout de quelque temps, les voit déjà bien loin en pleine mer ; il se jete à genoux et remercie sa libératrice. Cependant ses compagnons qui revenaient de Lorette, apercevant la flotte turque qui se retirait, furent consternés ne doutant pas qu'elle n'amenat Antonio avec leurs barques. Mais quelle ne fut pas leur surprise quand ils l'aperçurent qui venait au-devant d'eux en chantant avec sa hache élevée d'où penchait la main du Turc ! Tous ensemble se mirent à entonner les litanies de Lorette et répétèrent trois fois : « *Auxilium christianorum, ora pro nobis* : Secours des chrétiens, priez pour nous » invocation que saint Pie V venait d'ajouter aux litanies de la Sainte Vierge en reconnaissance de la victoire de Lépante.

Il est une classe de pèlerins dont nous avons déjà dit un mot et dont les démonstrations sont encore plus touchantes, que toutes les autres. Ce sont les Dalmates : ce peuple chez qui la Sainte Demeure, séjourna trois ans et demi avant d'être transportée à Lorette.

« J'ai vu en l'année 1559, dit le père Riera, plus de trois cents pèlerins, de cette contrée avec leurs femmes et leurs enfants ; ils arrivèrent à Lorette portant des flambeaux allumés, s'arrêtèrent d'abord à la grande porte où ils se prosternèrent pour implorer le secours de Dieu et de sa sainte Mère, puis furent tous à genoux ,rangés en ordre par les prêtres qu'ils avaient amenés avec eux et entrèrent ainsi dans le temple en s'écriant d'une seule voix dans leur idiome naturel : « *Retournez, à nous, ô Marie !*

Marie, retournez à Fiume!... Marie!... Marie!... Marie!... Leur douleur était si vive et leur prière si fervente que le témoin qui en écrivit l'histoire cherchait à leur imposer silence, *craignant*, dit-il, *que de si ardentes supplications ne fussent exaucées, et que la Sainte Chapelle ne fut ravie à l'Italie pour aller à Tersatz reprendre son ancienne position.* »

Aussi le Souverain Pontife voulut-il favoriser la dévotion de ce peuple, en fondant à Lorette un hospice pour recevoir plusieurs familles de la Dalmatie, qui n'avaient pu se déterminer à retourner dans leur pays en quittant la Vierge de Nazareth et ne regardèrent plus pour leur patrie que celle qu'elle avait elle-même daigner choisir pour sa résidence. Tour à tour les Souverains Pontifes ont vainement essayé par leurs libéralités, de consoler la douleur de ce peuple en quelque sorte orphelin. Urbain VIII lui envoya une image de la Sainte Vierge peinte par saint Luc sur une table de cèdre, pour l'exposer dans la chapelle commémorative du grand évènement ; Grégoire XIII autorisa l'érection d'un autel privilégié quotidien, faveur rare à cette époque ; Innocent XII attacha une indulgence plénière au 10 mai, jour anniversaire de la première translation ; Clément XI octroya aux peuples de la Dalmatie le droit de célébrer cette fête avec une messe propre et un office particulier. Rien ne peut apaiser les regrets de ces abandonnés, et aujourd'hui encore, si vous pénétrez dans leurs temples, vous les entendrez chanter cet hymne, écho six fois séculaire de leurs joies et de leurs douleurs.

« Ici vous êtes venue, avec votre douceur, pieuse Mère du Christ, pour dispenser la grâce.

» Nazareth fut votre berceau, Tersatz votre premier port quand vous cherchiez une patrie nouvelle.

» Cette demeure vous l'avez emportée ; mais pourtant vous êtes restée avec nous, O reine de clémence.

» Nous nous félicitons d'avoir été jugés dignes de conserver ici votre présence maternelle. »

Hoc cum domo ad venisti,
Ut qua, pia Mater Christi,
Dispensares gratiam.

Nazarethum tibi ortus,
Sed Tersactum primum portus,
Petenti hanc patriam.

Ædem quidem hinc tulisti ;
Attamem hic permansisti,
Regina clemenciæ.

Nobis inde gratulamur
Digni quod hic habeamur
Maternæ præsentiæ.

Le rythme seul de ces vers serait une preuve de l'antiquité de la tradition qu'ils rappellent. C'est une mesure écartée depuis le XIIIe siècle des hymnes de l'Eglise, et qu'on ne retrouve que dans quelques-uns de ses chants datant de cette époque : le *Dies iræ*, le *Lauda Sion* et le *Stabat Mater*.

Il y a deux siècles et demi que Tursellin écrivait dans son *Histoire de Lorette* : « Depuis que la maison de Nazareth a quitté Tersatz, la trois centième année a commencé son cours, et cependant le souvenir du bien que ces peuples ont perdu ne les fait pas moins gémir que si la blessure était encore toute fraîche... Tous les ans, on les voit traverser par troupes la mer Adriatique et venir à Lorette, autant pour déplorer leur veuvage que pour vénérer le berceau de Marie. A genoux, les mains étendues, les yeux baignés de pleurs, ils ne cessent de dire à haute voix : « Revenez à nous, ô belle dame, » revenez à nous avec votre maison ! *Ritorna à » noi, o bella signora, ritorna a noi, o Maria colla » tua Casa.* » Et ce langage est une démonstration évidente que leur regret sera éternel, puisque l'espace de trois cents ans n'a pu commencer à l'adoucir. »

Un siècle plus tard César Renzoli attestait le même fait : « Non, dit-il, je ne les ai jamais vus sans verser des larmes, lever les bras au ciel et crier à haute voix : *Retournez à nous, ô belle mai-*

tresse, retournez à nous, ô Marie ! avec votre maison. »

Nous ne connaissons plus, nous autres, chrétiens attiédis, les grandes pratiques de piété des anciens âges. L'Italie les a conservées, c'est la foi des populations, libre, ardente, confiante, audacieuse. C'est le pays où le respect humain se fait le moins sentir. Quand une fête de la Sainte Vierge approche, on annonce dans les paroisses les plus lointaines qu'un pèlerinage s'organise et l'on fixe le jour du départ. Aussitôt ceux qui veulent en faire partie se préparent des vêtements neufs de couleur blanche, c'est la livrée de la Madone. La veille du départ, chacun fait bénir solennellement ses habits ; puis on les serre dans son bagage pour ne les mettre qu'en arrivant à Lorette ; au retour on les gardera pieusement pour ne les revêtir plus qu'au jour de la mort (1). La pieuse caravane part au son des cloches, et c'est au son des cloches qu'elle est accueillie chaque soir dans le lieu où elle doit passer la nuit. Avant de mettre le pied dans l'hôtellerie, les pèlerins entrent dans l'église, y font leur prière et leur examen de conscience, se demandant réciproquement pardon des fautes contre la charité, commises les uns envers les autres, de manière à se coucher toujours en paix avec Dieu, avec le prochain et avec eux-mêmes.

Et le lendemain et les jours suivants on se remet en marche en chantant de pieux cantiques. Puis, quand approchant de Lorette le cœur bat plus fort dans toutes les poitrines, quand les regards dans le lointain découvrent le dôme radieux de la basilique, épanouie au soleil comme une fleur d'or, alors se renouvellent les scènes des croisés approchant de Jérusalem ; de toutes les bouches un cri triomphant s'élève : « *Eco la Casa della Madona ! Viva Maria santissima !* Voilà, voilà la demeure de la

(1) Les pèlerins de la Terre Sainte entraient aussi dans l'église du Saint-Sépulcre couverts d'un drap mortuaire qu'ils conservaient soigneusement pendant leur vie et qui leur servaient plus tard de linceuil.

Madone ! Vive Marie très sainte ! » Tous se prosternent le front contre terre, récitent le *Confiteor* et entonnent de nouveaux cantiques, entrecoupés de pleurs et d'actes de contrition.

On a calculé le nombre approximatif de pèlerins qui, depuis le XIIIe siècle jusqu'à nos jours, ont visité la Sainte Maison, il s'élève au chiffre de deux cent millions, chiffre vraiment énorme si on réfléchit aux difficultés de transport des premiers temps surtout.

Nous pourrions donc continuer longtemps ses émouvants récits. Jamais, en effet, la lassitude ou le doute n'ont suspendu ce mouvement du monde. Jamais, « les sentiers de Lorette n'ont pleuré, parce que la foule délaissait ses solennités » (Jérémie).

De nos jours, aussi bien qu'aux époques qu'on appelle les âges de foi, des multitudes aux costumes les plus divers, assiègent les portes de la maison de Marie. Dans toutes les langues on y bénit son nom et les flots pressés des pèlerins rapportent dans leur patrie, avec de délicieuses émotions, des fruits abondants de salut.

VI

Miracles accomplis dans la Sainte Maison.

L'un des plus étranges et des plus anciens à la fois, est certainement celui qui s'accomplit lors du premier revêtement dont on couvrit la Sainte Maison à Recanati et dont les murailles s'écartèrent comme pour prouver, dit un pieux auteur du temps, que le sanctuaire apporté par les anges, n'avait pas besoin d'être soutenu par la main des hommes. Nous allons citer quelques autres miracles seulement, car leur nombre est infini.

Une tradition ancienne et digne de tout respect rapporte que le crucifix qui se trouvait dans la Sainte Maison à son apparition première, opérait de fréquents et éclatants prodiges. Transporté par l'évêque et les habitants de Recanati, dans un sanctuaire préparé pour le recevoir, il revint de lui-même occuper sa place primitive. Transporté de nouveau, il revint encore ; en sorte qu'après plusieurs tentatives infructueuses, on dut se soumettre à la volonté du Ciel et le laisser à la Santa Casa.

Un autre fait mémorable, arrivé dans les premières années qui suivirent la translation, c'est le miracle des flammes. Dans une forêt voisine de Recanati, vivait un pieux solitaire nommé, à cause du lieu qui lui servait de retraite, Paul delle Selva, c'est-à-dire Paul de la forêt. C'est suivant toute apparence, le même solitaire qui, deux ans et demi après la dernière translation, envoya sur sa demande, à Charles II roi de Nàples, un récit détaillé de l'événement et fut ainsi le premier historien de Lorette, relation que nous avons citée en entier, d'après Rorbacher et les *Petits Bollandistes*, le même aussi qui fut averti par la Sainte Vierge du miracle de la translation, cité d'après le Père Portes, ex-pénitencier, etc.

Voisin d'abord de la Sainte Maison, au moment de sa première translation en Italie, il avait cru devoir continuer ce voisinage divin et, changeant de séjour avec elle, il s'était établi près de Lorette. Du fond de sa cellule entr'ouverte, il priait toujours, la face tournée vers l'auguste sanctuaire, comme si, de cette manière, il eut été en présence de la Sainte Vierge. Une nuit qu'il était en prières, il vit des flammes, descendant du Ciel, venir se reposer sur le toit de la Sainte Maison. Craignant d'abord d'être le jouet d'une illusion, il ne voulut parler à personne de ce qu'il avait vu. L'année suivante et bien d'autres années encore à la même époque, les mêmes flammes apparaissaient : le pieux ermite remarqua que c'était invariablement le 8 septembre sur les 3 heures du matin. Comprenant qu'un plus long silence serait coupable, il raconte ce qu'il a vu à l'évêque et aux principaux seigneurs du pays ; il le proclame dans les assemblées du peuple. Le récit en vole bientôt de bouche en bouche, et l'on peut juger quelle foule accourut à Lorette, l'année suivante, dans la nuit de la Nativité de Marie ; pour être témoin du miracle. Comme les années précédentes, mais cette fois, sous les yeux de plusieurs milliers de spectateurs, des flammes brillantes descendent du Ciel et environnent de leur splendeur, l'auguste Maison de la Mère de Dieu. L'expérience de plusieurs années vint confirmer encore la vérité du prodige. Le père Riera assure que, de son temps, il n'y avait pas encore vingt ans qu'elles avaient cessé, et plusieurs habitants de Recanati lui avaient affirmé l'avoir vu de leurs propres yeux (1).

De là, dit Caillau, cette disposition des fidèles à célébrer particulièrement à Lorette la fête de la naissance de Marie ! de là, l'usage aussi dès longtemps consacré de laisser les femmes passer la nuit dans la sainte basilique, pour y assister en quelque sorte au bienheureux enfantement de sainte Anne ; de là, le grand changement opéré dans la liturgie de cette église, où la fête de l'Annonciation, autrefois solennité principale, a fait place à celle de la Nativité qui tient aujourd'hui le premier rang.

Le marquis de Burgaw, fils de l'archiduc Ferdinand d'Autriche, renversé par un cheval fougueux, était tombé avec violence sur un de ses genoux et s'était brisé l'os en plusieurs endroits. Les plus habiles chirurgiens avaient été appelés et tout leur art avait été inutile. Le pieux seigneur, tournant alors d'un autre côté ses pensées, implore l'auguste Reine du ciel invoquée à Lorette et sa prière est exaucée. Bientôt d'un péril il tombe dans un autre : une fièvre mortelle le saisit. Condamné par les médecins, il en appelle une seconde fois à Marie et cette fois encore la Vierge puissante et bonne se déclare pour lui. Tous les habitants de Burgaw attendaient d'instant en instant la mort du

---

(1) On croit que le prodige des flammes continua à se manifester jusqu'au pontificat de Paul III de 1534 en 1549.

prince, quand tout à coup on le voit apparaître parcourant à cheval la cité émerveillée de sa vigueur et de sa force. Un pèlerinage à Lorette devait être le prix de sa guérison : il le fait en compagnie de plusieurs chevaliers et, pour offrir à Marie le présent le plus agréable à son cœur, il mène avec lui un hérétique dans l'espérance que la vue de la Sainte Maison le ramènerait au giron de l'Eglise. Son pieux expoir ne fut pas trompé et quand les pèlerins quittèrent Lorette, Dieu, la Sainte Vierge et l'Eglise comptèrent un enfant de plus.

Terrible comme une armée rangée en bataille, l'auguste Vierge étendit maintes fois sa main tutélaire sur ceux qui l'avaient invoquée dans les combats. Dans les guerres du XVIe siècle en Italie, un chevalier flamand avait été envoyé par Alexandre Farnèse, prince de Parme, pour reconnaître le pays, avec une escorte de huit soldats seulement. Ecoutant plus son courage que la prudence, il s'avance jusqu'au milieu des lignes ennemies, et bientôt il est cerné de toutes parts par une troupe de plus de huit cents hommes à cheval. Un contre cent, comment soutenir le choc ? Quelle espérance de salut peut-il lui rester encore ? Il invoque la Vierge de Lorette et anime sa petite troupe à la résistance : « Marie combattra pour nous, » leur dit-il, et Marie combat pour eux ; pendant deux heures ils repoussent des attaques toujours renaissantes jusqu'à ce que des renforts inattendus viennent les délivrer. Et pour que le prodige fut plus évident, pas un coup n'atteignit les hommes ni les chevaux. Aussi vint-il à Lorette avec sa troupe, présenter, en même temps que ses actions de grâces, un cierge de cire blanche, d'une grandeur démesurée, du poids de trois cents livres.

Etoile des mers, combien de fois n'a-t-elle pas protégé les marins dans la tempête ! Un pilote génois nommé Paul retournait de la Provence dans son pays. C'était l'époque de l'année où souffle sur cette partie de la Méditerranée ce que les marins appellent le *coup de vent des morts.* Bientôt la fureur toujours croissante de la tempête le force à jeter à la mer toutes ses marchandises. Le péril devient plus grave encore : l'eau entre de toutes parts dans le navire, qui commence à s'enfoncer, passagers et marins saisis de frayeur se jettent les uns après les autres au milieu des vagues, cherchant à se sauver à la nage ou sur les débris flottants. Seul le maître du bâtiment demeure sur son vaisseau près de s'engloutir. Dans ce péril il se voue à la Vierge de Lorette ; la tempête se calme et au grand étonnement des spectateurs, il arrive au port conduisant seul le vaisseau presque submergé. Le danger passé, la promesse fut oubliée ; un nouveau péril fut le châtiment de cette négligence. Embarqué l'année suivante avec son fils sur le même navire, il fit au même jour, à la même heure, un naufrage qui lui rappela sa promesse oubliée. Son vaisseau venait de s'entr'ouvrir et s'abîmait dans les flots. Heureusement il sait qu'un cœur de mère ne garde jamais d'implacables colères ; renouvelant sa prière et son vœu, il promet avec larmes de réparer sa faute. Aussitôt il aperçoit son fils se débattant au milieu des vagues ; il réussit à le placer sur ses épaules, et, soutenu par une force surnaturelle il se sauve à la nage avec son précieux fardeau. A peine à terre il tombe à genoux, fait mettre à ses côtés son jeune enfant dans la même attitude afin de remercier leur céleste libératrice. Puis sans même vouloir rentrer chez lui, de peur de retarder cette fois, même d'une heure, l'accomplissement de son vœu, il part pour Lorette. Il fit ce long pèlerinage à pied, mendiant tout le long de la route son pain et celui de son enfant, non moins heureux d'avoir sauvé son fils en perdant son bâtiment que d'avoir auparavant conservé avec son bâtiment sa propre existence.

A moitié chemin de la route qui mène de Rome à Lorette, se trouve la célèbre cascade de Terni. Rien n'est effrayant comme ces grandes eaux qui se précipitent d'une hauteur de 270 pieds, avec un bruit pareil à celui du tonnerre. « Il n'y a pas de langue humaine, dit un auteur contemporain décrivant cette cascade, qui puisse exprimer les sensations produites par ces jeux de la toute-puissance divine : la masse du fleuve à qui son lit manque tout à coup ; la profondeur incommensurable de l'abîme qui l'engloutit, la pulvérisation en écume par la seule résistance de l'air qu'il écrase en tombant, la nappe d'eau transformée en vapeurs qui se dispersent et fuient aux quatre vents du ciel comme une volée d'oiseaux gigantesques; le choc au bas, le bruit en haut, l'orage éternel, la transe sublime qui serre le cœur et qui ne trouve pas même un cri pour répondre au foudroiement de l'esprit. Cette scène n'a pas de mots, mais elle a des évanouissements, des vertiges, des tourbillons, des frissons et des paleurs pour langage ; l'homme précipité avec le fleuve est pulvérisé avant lui, en tombant en idée dans cet enfer des eaux (1). »

Or voici ce qui se passait en cet endroit le 7 mars de l'an 1543. Un capitaine de l'armée de Louis Farnèse, Pierre Terennatici de Sienne, laissait au bas de la cascade le détachement de cavalerie qu'il conduisait pour aller, avec deux de ses amis, admirer d'en haut ces sauvages beautés. A quelque distance au-dessus de la cascade, il voulut abreuver son cheval dans les eaux même du Velino. Mais le fleuve était profond et rapide, bientôt cheval et cavalier sont entraînés. Le mugissement du gouffre se fait entendre plus terrible ; le courant des eaux devient d'instant en instant plus rapide, encore quelques secondes et le malheureux va être lancé d'un hauteur de 270 pieds sur les rocs contre lesquels le fleuve se brise en tombant. Ses amis glacés d'effroi contemplent du haut du rivage cette mort affreuse qu'aucun dévouement humain ne saurait retarder d'un instant. N'ayant plus rien à attendre de la terre, l'infortuné se souvient de Notre-Dame de Lorette, il pousse un cri vers elle et disparaît. Ses

(1) Lamartine.

compagnons courent au bas de la cascade pour rechercher au moins les débris de son cadavre Mais quelle est leur stupéfaction et leur joie quand ils l'aperçoivent debout sur un débris de rocher. La main toute-puissante de la Vierge l'avait dirigé dans sa chute et l'avait déposé sain et sauf sur ce roc au bord de l'abîme où son coursier s'était englouti pour ne plus reparaître. Pressé d'acquitter la dette de son cœur, le capitaine partit immédiatement pour Lorette. Afin d'éterniser le souvenir du prodige qui l'avait sauvé, il en écrivit lui-même une relation que signèrent avec lui ses deux amis et qu'il déposa solennellement dans le sanctuaire.

Cette relation gravée sur une tablette de bois fut suspendue à un des piliers de la coupole à droite de la Sainte Maison ; c'est là que Tursellin qui nous l'a conservée la transcrivait quelques années plus tard.

Terminons par un fait d'un ordre particulier. Un noble Génois que le respect dû à la réputation du prochain n'a pas permis de nommer, allait en 1557, de sa patrie à Lorette. Il était guidé par la curiosité bien plus que par la dévotion. Aussi chemin faisant il se met à penser que la prétendue Maison de la Vierge n'est autre chose qu'une invention de la superstition et de la cupidité. Son doute ne tarde pas à être puni, son cheval fait un faux pas et tombe sur son maître qui brisé et presque mort appelle en vain au secours. Abandonné des hommes et réveillé par le malheur, il invoque la Vierge de Lorette et la conjure de venir à son aide. A peine a-t-il prononcé le nom de la Madone que débarrassé de son cheval dont le poids l'accablait, il se relève et ne sentant plus aucune douleur remonte à cheval et continue tranquillement sa route. Mais une fois délivré du danger, notre incrédule consent de nouveau à la tentation qui revient bientôt plus forte et plus vive. Il lui semble que tout dans le pèlerinage n'est que mensonge ; les miracles les plus évidents ne paraissent plus à ses yeux que des impostures. La punition de cette nouvelle faute ne se fit pas attendre ; déjà il voyait la Sainte Chapelle lorsque tout à coup ses yeux se troublent, les forces lui manquent ; il ne peut plus guider l'animal qui le porte ; c'est son cheval lui-même qui le conduit comme par hasard à la porte d'une hôtellerie au seuil de laquelle l'infortuné tombe sans connaissance. L'hôte le relève et le met sur un lit dans un état d'anéantissement voisin de la mort. Alors la crainte fait percer jusqu'à son âme un rayon de la grâce ; il reconnaît sa faute, verse d'abondantes larmes et fait vœu dans son cœur de n'avoir plus sur le bienheureux sanctuaire d'autre langage et d'autre croyance que la croyance et le langage des âmes fidèles. Sa prière fut exaucée et il recouvra la lumière et la santé du corps en même temps que celle de l'âme.

Un mot encore avant de terminer ce chapitre. Ce n'est pas seulement pour satisfaire la pieuse curiosité des lecteurs que j'ai donné ces récits, cependant si incomplets, des miracles opérés par l'intercession de Notre-Dame de Lorette, j'ai été long et pourtant j'ai glané à peine quelques épis dans ce champ immense. Ce chapitre a une portée bien plus haute, il contient une des plus fortes preuves de l'authenticité de la Sainte demeure.

Le miracle, c'est le témoignage de Dieu, c'est le cachet du ciel, la signature de la main divine. Dans la maison que l'église me démontre comme l'antique demeure de la Mère de Dieu, j'ai vu les infirmités guéries, les périls vaincus, les fléaux dissipés. Dans le sanctuaire béni de Lorette sont vraies de nos jours, comme elles l'étaient sur les bords du Jourdain, ces paroles de l'évangile : *Les aveugles voient, les boiteux marchent, les lépreux sont guéris, les sourds entendent*, la grande voix de la toute puissance de Dieu s'est fait entendre, il ne me reste qu'à courber la tête et à l'adorer. Et cependant je n'ai rien dit encore des miracles non moins nombreux accomplis dans l'ordre moral. On admire la guérison subite d'une maladie invétérée, à peine peut-on croire à la résurrection d'un cadavre. Il y a quelque chose de plus surprenant encore ; c'est la résurrection d'une âme Un cadavre n'offre aucune résistance à l'action divine, tandis qu'une âme pécheresse, résiste de toute la force de sa volonté rivée au mal, à la volonté rédemptrice, qui lui apporte la vie. Ce pécheur converti lui aussi était sourd et il a entendu ; aveugle et il a vu ; paralytique et il a marché ; il était muet, et une parole d'en haut l'a fait revivre. « Le bois sec sur lequel je m'appuie pour écrire, dit un de ces incrédules convertis, ce bois reverdirait subitement à mes yeux, reprendrait sa sève, ses feuilles, ses fleurs, que ce prodige n'égalerait pas le prodige d'une âme revenue à Dieu après l'avoir quitté ; car là aussi la vie a succédé à la mort, les fruits renaissent aux branches stériles ce qui était desséché reverdit, s'élance vers le ciel (1). » Or nulle part peut-être il ne s'est accompli plus qu'à Lorette de ses miracles de conversion. Lorette est en quelque sorte une source de grâces toujours ouverte, où les âmes vont puiser incessamment la conversion et la vie (2).

Nous avons raconté le passé et dit l'état présent de la Sainte Maison. Nous sera-t-il permis, soulevant un coin du voile que Dieu a jeté sur les choses qui ne sont pas encore, de chercher à savoir quel sera son avenir. C'est, croyons-nous, une ère nouvelle de prospérité et de grandeur. L'industrie moderne qui ouvre les Appennins et les Alpes, prête aux pèlerins ces ailes de feu et fait passer aux pieds de la sainte colline les voies ferrées, lui versera bientôt des multitudes telles, qu'elle n'en avait pas vu aux jours de sa première splendeur.

Enfin un dernier prodige s'ajoutera peut-être aux prodiges du passé. Voici ce qu'on lisait dans la correspondance de Rome du journal *le Monde* le 15 février 1864 : « Si nous pouvions ajouter foi à des prédictions émanant de person-

---

(1) Veuillot ; *Ça et là.*

(2) Caillau : C'est à cet auteur qui lui-même les a prises dans Tersullin que nous avons empruntée la plupart des faits rarpportés ici

nes recommandables, Lorette ne serait pas la station définitive de la Sainte Maison de Nazareth. Après avoir été transportée de Nazareth en Dalmatie, et ensuite à Lorette, la Sainte Maison serait destinée à être transportée de nouveau jusqu'à Rome auprès de Sainte-Marie-Majeure, où les chanoines de Lorette apporteraient ensuite le trésor, comme pour confirmer l'authenticité de l'événement. Cette prédiction émane d'une source respectable sous tous les rapports. »

Quoi qu'il en soit du reste de cette translation à venir, laquelle après tout n'est pas plus impossible que les autres, nous pensons que quiconque a lu avec un cœur droit, avec une âme impartiale, les pages qui précèdent, n'aura pas besoin de cette dernière preuve pour croire au prodige de la Santa Casa. « *O sanctuaire de Lorette*, s'écrie, en terminant son ouvrage, un auteur qui a épuisé la question, auquel nous avons beaucoup emprunté, et que devront lire ceux qui voudront étudier à fond l'histoire de ce prodige, sanctuaire de Lorette, *tout me démontre votre grandeur* ; les pierres dont vous êtes construit, les objets que vous renfermez, l'exactitude de vos dimensions, le prodige perpétuel de votre existence, le privilège mystérieux de votre inviolabilité ; tout en vous se réunit pour proclamer vos titres à la vénération de l'univers. L'univers lui-même qui a si bien compris le muet langage de vos faibles mais précieuses murailles, vient confirmer ma croyance en me présentant, dans tous les siècles, cette glorieuse suite d'écrivains qui ont chanté vos gloires. Les princes et les sujets sont à vos pieds ; les évêques et les pontifes suprêmes, se font un devoir de vous entourer de leur dévouement et de leurs hommages. L'Eglise, qui ne saurait favoriser la superstition et le mensonge, célèbre avec pompe la fête de votre translation et l'enregistre religieusement dans les livres de sa liturgie. Que puis-je demander de plus que cet accord du genre humain et de l'Eglise pour m'agenouiller devant vous et honorer dans votre enceinte les grands mystères dont vous avez été témoin (1). »

VII

Appendice de la 1re partie : Castelfidardo.

Le XIXe siècle nous offre une page bien triste, mais bien glorieuse, qu'on dirait détachée du livre des Machabées, et que nous ne saurions omettre sans laisser dans l'histoire du vénérable sanctuaire une lacune dont tout chrétien serait en droit de nous demander compte. Comment taire en effet ce combat livré au pied de la colline et qui devrait plutôt s'appeler bataille de Lorette que bataille de Castelfidardo.

Ce que je veux raconter c'est le courage et la foi de ces héroïques jeunes gens mourant sous les yeux de la Vierge de Lorette pour la défense de l'église. Le 17 septembre 1860, la petite et héroïque armée du Pape commandée par Lamoricière et Pimodan, passait sa veillée d'armes au dedans et à l'intérieur du sanctuaire de Lorette. Le lendemain, à trois kilomètres de là, à Castelfidardo, elle était écrasée par l'invasion Piémontaise vingt fois plus nombreuse. Je laisse parler un témoin oculaire.

« Dans la soirée du lundi 17 septembre 1860, dit l'abbé Druon, les généraux Lamoricière et Pimodan et presque tous les officiers et soldats se préparèrent à affronter le péril de la bataille qui devait avoir lieu le lendemain, en s'approchant du tribunal de la réconciliation. Plusieurs m'ayant demandé de les entendre, j'obtins la permission de l'évêque de Lorette et je bénis Dieu de m'avoir donné d'assister à ce moment suprême tant de nobles et saints enfants de la France.

---

(1) *Histoire critique et religieuse de Notre-Dame de Lorette*, par Caillau, prêtre de la Miséricorde, Paris 1843.

» Le mardi dès l'aube du jour, ce furent des scènes dignes des plus curieuses époques des croisades ; comme prêtre et comme Français j'éprouvais d'indicibles consolations.

» A quatre heures, Lamoricière, Pimodan, tout l'état major, les guides, les franco-belges, les régiments allemands, les étrangers, les artilleurs, les indigènes reçurent le corps divin du Seigneur dans le très Saint-Sacrement de l'Eucharistie.

» Je les vis la plupart, le front prosterné sur le pavé de la basilique que tant de fronts ont touché. Quelques heures après ils sortaient de Lorette, emportant de la Santa Casa les drapeaux de Lépante.

» Nous voulûmes voir défiler la petite milice, image sainte et sublime des chrétiens, qui toujours en minorité, livrent au monde de saints et sublimes combats. La gloire et l'honneur éclairaient les visages de tous ces hommes. Nous nous tenions debout le chapeau bas. *Si nous nous mettions à genoux*, me dit mon compagnon, *ce sont des martyrs.* Nous échangeâmes un regard et un serrement de main. Notre *vetturino* s'impatientait ; nous quittâmes Lorette, priant Dieu et sa sainte Mère d'assister leurs défenseurs. A trois kilomètres de la ville, nous entendîmes commencer la fusillade, puis le bruit du canon. Ah ! que ces premiers coups nous allèrent au cœur ! »

Toutefois, il y eut dans cette armée une phalange qui se montra particulièrement héroïque et qui fit payer cher aux Piémontais leur victoire, c'est le bataillon des deux cent quatre-vingt zouaves pontificaux composé en grande partie d'enfants de la France.

Trois fois, de nombreuses colonnes de Piémontais débouchent du bois et font reculer les Franco-Belges, trois fois ceux-ci faisant volte-face, repoussent l'ennemi qui ne sut jamais résister aux charges à la baïonnette. Et que d'épisodes dignes des vieilles croisades, dans le drame héroïque de cette croisade contemporaine !

Le drapeau des zouaves, porté par Arthur de

Cavailhès, était criblé de balles, mais sa voix n'avait qu'à crier : Au drapeau ! et aussitôt le drapeau était entouré d'une haie de baïonnettes que l'ennemi ne put jamais franchir. De Cavailhès, frappé de sept coups de feu, soulevait encore le glorieux oriflamme, lorsqu'un coup de baïonnette lui perça le poumon droit. Il tomba en remettant le drapeau à Charette.

« N'était la crainte d'être accusé de lyrisme, écrivait un zouave, je dirai volontiers que le sabre de Guelton me donna un instant l'idée de la terrible Durandal de l'épopée carlovingienne. Il frappait d'estoc et de taille ; c'était bien un fils des croisés : Godefroy et Baudouin lui eussent dit : *Venez avec nous en Palestine !* (1) »

C'est aux pieds de la Sainte Vierge qu'ils avaient puisé le saint héroïsme qui les anima pendant la lutte ; c'est à l'ombre de la Santa Casa qu'ils vinrent offrir à Dieu par Marie les prémices de leurs souffrances, quelques-uns de leurs derniers soupirs.

« Sanctuaire de Lorette, s'écrie Mgr Dupanloup dans son admirable oraison funèbre des martyrs de cette grande journée du droit contre la force, ils te voyaient donc en combattant ! Tu leur apparaissais comme l'asile ouvert à leurs âmes, et leurs regards mourants se tournaient vers toi avec consolation et espérance ! (2) »

Quant aux survivants de cet héroïque bataillon de zouaves, voici ce que nous lisons dans un intéressant article paru dans le *Correspondant* du 10 août 1904 sous ce titre : « *Le Vatican* » et signé Marc Hélys.

(A propos des appartements particuliers du Saint-Père) :

---

(1) Lettre de M. Poncin de Casaqui.

(2) L'auteur croit devoir encore prévenir que cette première partie a été surtout établie d'après des extraits et résumés des écrivains déjà cités à la page 3.

« Léon XII, Pie IX ensuite, puis Léon XIII, occupèrent la même chambre à coucher étroite comme une cellule. Au temps de Pie IX elle était carrelée sans tapis, avec des rideaux jaunes à la fenêtre, et n'était meublée que d'un petit lit en fer, d'un prie-Dieu, et d'un fauteuil. Le cabinet de travail du Saint-Père, tel que l'ont connu les familiers du Vatican, était exigu, bas de plafond, les murs en étaient tendus de papier commun, on n'y voyait d'autres meubles qu'une table, deux chaises, un fauteuil et une bibliothèque.

» Les fenêtres en sont visibles de la place Saint-Pierre et dominent la ville et la plaine. C'est de l'une de ces fenêtres que pour la dernière fois le 22 septembre 1870, la main du pape se leva sur la ville, dans un geste de bénédiction, et ce fut à l'appel de nos petits soldats de France. Ils allaient partir les zouaves et, sac au dos, la tristesse au cœur, — défaites sur défaites n'écrasent-elles pas les cœurs de ces Français? — ils reprenaient la route de leur pays.

» Au moment de ce mettre en marche un dernier cri : « Vive Pie IX, Pontife et roi » éclata comme la suprême protestation de leur courage et de leur fidélité. Le vieux Pape de ses mains tremblantes ouvrit lui-même la fenêtre et bénit ceux qu'il aimait comme ses enfants...

» Depuis ce jour on n'a plus jamais revu le Pape aux fenêtres du Vatican. »

SECONDE PARTIE

Notre-Dame de Lorette

EN DIVERS DIOCÈSES de France | A SÉVÉRAC-LE-CHATEAU Diocèse de Rodez

VIII

Notre-Dame de Lorette en France.

En France ce sont en général :

1° Les chapelles appelées de ce nom, c'est-à-dire : Notre-Dame de Lorette à Paris, rue de Vaugirard ; à Irles, au diocèse d'Amiens ; à la Réole, diocèse de Bordeaux ; aux Mauvrets, diocèse d'Angers ; à Murbach, diocèse de Strasbourg ; à Varangeville, à Saint-Martin ; à Baudrecourt et St-Nicolas du Port, diocèse de Nancy ; à Morlet, diocèse d'Autun ; à Frétigny ; à Combiège, diocèse de St-Claude ; à St-Gervais, diocèse de Montpellier ; à Ajaccio (Corse).

Et spécialement en particulier :

2° Les chapelles qui reproduisent exactement dans son plan et ses dimensions la Sainte Maison de Nazareth. Ce sont : Notre-Dame de Lorette dans l'église de St-Pierre de Mâcon, splendide chapelle dont l'inauguration en 1866, fut le principe, dans la contrée, d'une dévotion toute nouvelle envers Marie. Que de mères ont été depuis s'agenouiller auprès de cet autel ! Que de larmes ont été séchées, que de cœurs guéris ! Que de courages affermis !...

Au Quilly, diocèse de St-Brieuc, petite chapelle

de style gothique, bâtie il y a quelques années sur le point culminant d'une hauteur, et qui possède un morceau du voile de la Sainte Vierge.

Notre-Dame d'Avenières au diocèse de Laval, bâtie au XIIIe siècle par le seigneur de Laval Gui II, miraculeusement sauvé des eaux de la Mayenne, où il avait été précipité par le cheval qu'il montait. Le 15 mars 1859, le Souverain Pontife a affilié ce sanctuaire à Lorette d'Italie et le 18 du même mois Mgr de Laval en a couronné la Vierge en son nom.

Notre-Dame de Lorette à Port-Lesnay, diocèse de St-Claude, fondée au XIVe siècle par le chevalier d'Esclaus, assailli par une furieuse tempête et sauvé sur les côtes d'Italie par l'intercession de la Sainte Vierge. A ce sanctuaire était annexée une confrérie d'hommes jadis fort célèbre. Vendu en 93, il est arrivé enfin en la possession d'une famille religieuse qui le fait revivre.

A Bellac, diocèse de Limoges, existe une chapelle, qui date de 1621, et où affluent de nombreux pèlerins.

A Lille, diocèse de Cambrai, un autre sanctuaire bâti en 1708 par l'électeur de Cologne, Joseph Clément, chez les dames de l'Abbiette. Dans cette construction on ne négligea rien pour faire de cette chapelle une copie fidèle de la Santa Casa, vénérée à Lorette, en Italie. L'édifice étant terminé la consécration solennelle eut lieu le 2 juillet. Le même jour Fénelon vint dans l'après-midi y faire ses prières. Tant que l'électeur resta à Cambrai, il fit dire chaque jour le chapelet dans la chapelle et y assista ; depuis lors cette sainte pratique s'y est toujours conservée.

A Issy, près Paris, existe une dévotion du même genre, située dans le parc de la maison de campagne de St-Sulpice, fondée par M. Tronson, 3e supérieur de la Compagnie. Cette chapelle possède la statue qui a remplacé pendant plusieurs années à Lorette, l'antique Madone de saint Luc, enlevée par les Français sous le premier empire et apportée à Paris. Cette image est donc doublement précieuse à cause de son séjour dans la Sainte Maison.

La chapelle d'Issy est de petite dimension puisqu'elle ne mesure que seize mètres de longueur sur quatre de largeur et sept de hauteur, et qu'elle reproduit fidèlement le style gothique du XIIIe siècle. Ses six grandes verrières sont d'un dessin si pur, son ornementation est d'un goût si parfait, qu'elle frappe très agréablement la vue. C'est un vrai bijou. On a su y ménager, sans qu'il y ait surcharge, sept grandes niches pour les statues des principaux patrons de la maison, douze autres pour les apôtres, soixante-douze autres pour les 72 disciples de Notre-Seigneur. A l'extérieur le petit portique et les contreforts sont ornés de plus de quinze niches et d'autant de statues. Grâce à une disposition heureuse cette multitude de niches et de statues ne forment point un ensemble trop chargé. Les verrières à deux lancettes chacune et de 4 mètres de hauteur représentent dans des médaillons séparés les mystères de la vie de la sainte Vierge. Au temps de notre dernière guerre civile et pendant le bombardement d'Issy, cinq obus firent en une demi-heure explosion dans la chapelle et le premier avait suffi pour broyer tous les vitraux. Ils sont rétablis à l'heure présente.

Une Notre-Dame de Lorette existe à la Sauvinière, diocèse de Lyon, fondée en 1616, et affiliée à Notre-Dame de Lorette d'Italie en 1869.

Nous citerons : Notre-Dame de Lorette à Saintes, diocèse de la Rochelle.

Notre-Dame de Guadeloupe, près de Mexico, qui est pour l'Amérique ce que Lorette est pour l'Europe.

Dans l'insigne basilique de Rodez on visite avec dévotion une chapelle sous le même vocable.

Enfin nous arrivons à Notre-Dame de Lorette près Sévérac-le-Château, diocèse de Rodez, que nous allons bientôt décrire plus longuement et dont la notice historique va faire l'objet de la seconde partie de cet opuscule. Mais avant d'en commencer la description il convient pour faire suite à ce premier chapitre de parler des pèlerins français qui ont visité la Santa Casa.

IX

La France à Lorette.

« *Regnum Galliæ, regnum Mariæ* : Royaume de France, royaume de Marie, » disaient nos pères et grâces à Dieu nous n'avons pas laissé périr l'héritage de cette protection et de cette gloire. *Le plus beau royaume après celui du ciel*, est toujours le royaume de Marie. « Maintes fois la France a éprouvé la protection de l'auguste Vierge en retour des vœux qu'elle lui a faits dans des circonstances critiques pour ses destinées. Elle lui a dû notamment saint Louis, né d'un vœu de la reine Blanche; les grandes victoires de Bouvines, de Mons-en-Puelle et de Cassel, hautement attribuées au céleste secours de la vierge par Philippe-Auguste, Philippe le Bel et Philippe de Valois qui l'avaient invoquée dans le péril et qui la glorifièrent dans le triomphe ; Jeanne de Domremy balayant l'anglais et rétablissant le trône, dans sa course héroïque de Notre-Dame de Bermont à Notre-Dame de Reims, aux noms libérateurs de *Jésus* et de *Marie* (1). » Naguère encore le vainqueur de Sébastopol disait hautement à quelle protection il devait la victoire. La vierge colossale du Puy : Notre-Dame de France, fondue avec les canons pris à Sébastopol, le proclame plus haut encore. C'est toujours, après Dieu, Marie qui protège la France (2).

---

(1) A. Nicolas. *La Vierge Marie vivant dans l'Eglise.*

(2) Pélissier qui commença, dans son ordre général de prise de commandement de l'armée de Crimée à la date du 19 mai 1855, par invoquer l' « aide de Dieu », était religieux à sa façon. Le cœur était bon sous une rude écorce.

Il désigna délibérement pour le jour de l'assaut final, l'anniversaire de la Nativité de la sainte Vierge. Cette touchante dévotion lui tenait au cœur puisque par testament, il légua son épée au sanctuaire de Notre-Dame d'Afrique près Alger. (Elle s'y trouve en com-

S'étonnera-t-on dès lors de retrouver en foule à Lorette les souverains français et n'est-il pas naturel que nous consacrions un chapitre spécial aux pèlerinages accomplis par nos ancêtres au plus glorieux des sanctuaires de la Sainte Vierge ?

Nous lisons dans M. de Barrau (*Documents historiques, Pèlerins*) :

« L'escarcelle à la ceinture, le bourdon à la main, la panetière sur le dos, le pèlerin parcourait le monde, adressant des prières *à Notre-Dame de Lorette*, à saint Jacques de Compostelle, ou s'agenouillant à Rome, devant les tombeaux de saint Pierre et de saint Paul ; à Jérusalem en face du sépulcre du Christ (1). »

Nous voyons par là quel renom avait le pèlerinage de Notre-Dame de Lorette au moyen âge et combien il était fréquenté.

Nous avons raconté au début de cet ouvrage le pèlerinage de saint Louis à la maison de Nazareth; on sait qu'il est le dernier des souverains couronnés qui l'ait visitée avant sa translation.

Maintenant encore il existe dans la basilique de Lorette un ancien tableau représentant le pieux monarque prosterné devant la demeure de Nazareth ; et dans l'intérieur même de la Santa Casa près de la fenêtre de l'ange est une antique image peinte sur le mur, où l'on voit la Vierge ayant sur ses genoux son divin Fils, à ses côtés se tient debout saint Louis en habit royal portant à la main une chaîne en souvenir de sa captivité. Cette image existait déjà sur le mur de la Santa Casa quand elle arriva en Dalmatie.

Le premier des pontifes qui visita solennellement la Sainte Maison, fut un pape français, Urbain V. D'autres enfants de la France allèrent

---

pagnie de la canne de Lamoricière.) Extrait d'un remarquable article du général F. Canonge paru dans le *Correspondant* du 10 septembre 1904, sous ce titre : *Le sentiment religieux dans l'armée de Crimée.*

(1) Extrait de la belle publication de M. Delloye sous le titre de *Types et caractères anciens.*

aussi la vénérer dans les premiers temps de son séjour en Europe. Mais c'est surtout au XVIe siècle, au temps de Luther et de Calvin, que par une protestation glorieuse, notre patrie députa à Lorette un plus grand nombre de pèlerins.

En 1556, accourait au secours du pape Paul IV, menacé par les espagnols, un grand capitaine français, comme de nos jours Lamoricière au secours de Pie IX menacé par le Piémont C'était François de Lorraine, si célèbre sous le nom de duc de Guise. Ramassant les débris des troupes pontificales, il en forma une armée et se rendit maître de Bologne, de Rimini, d'Ancône et de Lorette. Dans cette dernière ville il fit un long séjour pendant lequel un grand nombre des hérétiques qu'il comptait parmi ses troupes, cédant aux impressions de la grâce, rétractèrent aux pieds de Marie, dans la Santa Casa, leur récente apostasie pour embrasser de nouveau la religion de leurs pères.

L'historien Tursellin qui vivait à cette époque raconte que Guise rangeait parfois son armée en bataille devant la basilique de la Vierge, et faisait exécuter en son honneur des exercices militaires et des tournois chevaleresques. Avant de quitter Lorette le héros offrit à la madone un tableau d'argent qui le représentait armé de pied en cap. Peut-être est-ce dans ce sanctuaire qu'il puisa la grâce de mourir pour la foi, sous la balle d'un assassin protestant dont il avait sauvé la vie et auquel il accorda en mourant un généreux pardon.

Sous le règne de Henri III, Anne de Joyeuse, amiral de France, vint passer huit jours à Lorette pendant lesquels il s'approcha trois fois de la table sainte. Au moment de son départ, il déposa dans le tronc des offrandes 4.000 écus romains, (plus de 20.000 francs de notre monnaie). Peu après son séjour à Rome où il était allé baiser les pieds du Saint Père, il envoya au sanctuaire avec une somme égale, deux lampes d'argent d'un grand poids, destinées à brûler sans cesse devant l'image de Marie, pour lui rappeler les besoins et la dévotion de son fidèle serviteur. Son frère, le cardinal de Joyeuse fit à la Santa Casa un legs de 6.000 écus romains, pour que trois chapelains français fussent chargés de célébrer à perpétuité la messe à Lorette selon ses intentions qu'il ne révéla pas.

Un autre pèlerin du même siècle qu'on s'étonnera peut-être de rencontrer à Lorette c'est Montaigne. Cet écrivain célèbre qu'on accuse d'avoir flotté sans cesse dans un doute universel, mais qui, ce semble, n'était point sceptique en religion a écrit quelque part : « Quelle obligation n'avons-nous pas à la bénignité de notre Créateur pour avoir déniaisé notre royaume de ces vagabondes et arbitraires opinions et l'avoir logé sur l'éternelle base de sa sainte parole. »

Il nous a laissé de son voyage un journal fort détaillé et fort curieux, dans lequel avec un style inimitable il décrit Lorette et fait part de ses impressions et des grandes choses qu'il a vues et entendues.

Voici d'après Montaigne ce qu'était Lorette en 1581 :

« C'était un petit village clos de murailles et fortifié contre l'invasion des Turcs. Il n'y a quasi autres habitants que ceux du service de cette dévotion, comme hôteliers, et plusieurs marchands, savoir est, vendeurs de cire, d'images, de patenôtres, *Agnus Dei*, *Salvators*, et telles denrées, dequoi ils ont grand nombre de belles boutiques et richement fournies. J'y laissai près de 50 bons écus pour ma part..... Le lieu de la dévotion, c'est une petite maisonète fort vieille et chétive, plus longue que large. Le miracle du transport de cette maisonète, et son remuement, premièrement en Eselavonnie, et depuis, près d'ici, et enfin ici, est gravé à de grosses tables de marbre en l'église le long des pilliers, en langage italien, esclavon, allemand, espaignol...

» En cette logette se voit en haut du mur l'image de Notre-Dame faite disent-ils de bois ; tout le reste est si fort paré de *vœux* riches de tant de lieux et de provinces, qu'il n'y a jusques à terre, pas un pouce vide, et qui ne soit couvert de quelque lame d'or et d'argent. J'y pense trouver une toute petite place et avec beaucoup de faveur pour y loger un tableau dans lequel il y a quatre figures d'argent, celle de Notre-Dame, la mienne, celle de ma femme, celle de ma fille. Nous fimes en cette chapelle là nos pasques, ce qui ne se permet pas à tous, à cause de la grande presse d'hommes qui y communient. Un Jésuite allemand m'y dit la messe et m'y donna à communier.

» Ce lieu, continue Montaigne, est plein d'infinis miracles. Il y en a plusieurs et fort récents de ce qui est mésavenu à ceux qui par dévotion avaient emporté quelque chose de ce bâtiment, voire (même) par la permission du Pape. Un petit lopin de brique qui en avait été osté lors du concile de Trente y a été rapporté (1). Enfin pour dire un mot de l'expérience de ce lieu ou je me plus fort, il y avait en même temps là Michel Marteau, seigneur de la chapelle, parisien, jeune homme très riche, avec un grand train. Je me fis fort particulièrement et curieusement raconter, à lui, et à aucuns (quelques-uns) de sa suite l'événement de la guérison d'une jambe qu'il disait avoir eue de ce lieu ; il n'est possible de mieux ni plus exactement former l'effet d'un miracle. Tous les chirurgiens de Paris et d'Italie s'y étaient faillis. Il y avait dépensé plus de trois mille écus. Son genou enflé, inutile et très dolureux, il y avait plus de trois ans, estait plus mal, plus rouge, enflammé, et enflé jusqu'à lui donner la fièvre ; en ce même instant tous les autres médicaments et secours abandonnés, il y avait plusieurs jours ; dormant, tout à coup il songe qu'il est guéri, il lui semble voir un esclair ; il s'éveille, crie qu'il est guéri, apèle ses gens, se lève, se promène ce qu'il n'avait fait oncques depuis son mal, son genou désenfle, la peau flétrie tout autour du genou, et comme morte, lui alla toujours

(1) C'est le fait de l'évêque portugais Suarez déjà cité.

depuis en amandant sans nul autre aide. Et lors il était en cet état d'entière guérison (1). »

Quand Montaigne racontait ce pèlerinage et ce miracle il avait cinquante ans et avait écrit ses *Essais.*

Les villes et les provinces, aussi bien que les particuliers et les rois ont aussi reconnu par de solennelles offrandes la protection de Marie. Nous mentionnerons la ville de Lyon qui, délivrée d'une peste désastreuse, envoyait une députation de trois membres remercier en son nom Notre-Dame de Lorette en lui présentant un splendide calice de vermeil (2).

Et le vœu public des parisiens sous Grégoire XIII. « Les pressantes nécessités, suite des guerres civiles suscitées par la réforme augmentèrent chaque jour les prières offertes à Dieu ; et dans une assemblée de la ville, on promit au nom du peuple par un vœu à Notre-Dame de Lorette, que dès que la cité serait délivrée du siège, on enverrait à la Sainte Maison, une lampe et un navire voguant à pleines voiles, car ce sont les armes de la ville. Il pesait trente marcs, et cette oblation fut accompagnée d'autres dons et de pieux remerciements. Le vœu fut prononcé dans la cathédrale où se réunit toute la magistrature. On y voyait toutes les chambres du parlement en robes rouges, le prévôt des marchands avec les échevins, et les députés de la commune avec les ministres et les sergents armés, puis les docteurs de la Sorbonne, le légat avec sa suite, l'évêque de Paris avec plusieurs autres prélats. »

Le XVIIe siècle soutint ce magnifique élan de réaction catholique et de piété envers Marie. Lorette fut visité par de nombreux pèlerins français. Un des premiers pèlerins fut le Père Richeome, un des membres les plus distingués de la Compagnie

---

(1) *Journal du voyage* de Michel de Montaigne en Italie par la Suisse et l'Allemagne de 1580 à 1581.

(2) *Lyonnais dignes de mémoire*, par Peruetti.

de Jésus. Il se rendit à Lorette pour prier la Vierge, *tutrice des roys de France*, ainsi qu'il l'appelle, de protéger le roi et le dauphin. A son retour il dédia son livre à Henri IV, qu'il fit représenter dans la gravure du frontispice, aux genoux de la Madone, avec la reine et ses enfants.

Historien et poète, le P. Richeome ne s'est point contenté de raconter en prose son pieux pèlerinage, il l'a chanté en vers :

I

Mère glorieuse
Du Fils Roy des Roys,
Mère gracieuse,
Escoutés ma voix.

II

Oyez (écoutez) ma prière
Oyez mes soupirs,
Dressez la carrière
De tous mes désirs.

III

Ma voix gémissante
Vous dit mes langueurs,
Ma prière instante
Requiert vos faveurs.

IV

Au ciel je soupire,
Par vœux larmoyants,
Le ciel je désire,
Terre des vivants.

V

Impétrez (obtenez-) moi grâce
De toujours marcher
Des saints en la trace
Sans Dieu offenser ;

VI

De marcher sur terre
Comme pèlerin
De prendre à grand'erre
Du ciel le chemin.

VII

De voir la chambrette
Du grand Dieu logis

Vostre maisonnette
En fin paradis.

(*Le pèlerin de Lorette*, par L. Richeome, 1604.)

Le dauphin, fils de Henri IV, pour qui le Père Richeome est allé prier à Lorette, devint Louis XIII. Ce fut lui qui consacra solennellement à la Reine du ciel sa couronne et son royaume, grand acte de dévotion d'où sembla jaillir le grand siècle. Après vingt-trois ans de stérilité, la reine Anne d'Autriche, épouse de Louis XIII obtint par l'intercession de Marie à qui elle s'était vouée, l'enfant qui fut Louis XIV. Elle fit don a Lorette de deux couronnes, chargées de diamants et de pierres précieuses ; l'une pour la sainte Vierge, l'autre pour le divin enfant.

Sur celle de Jésus elle avait fait graver ces mots latins :

Sceptra dedit mihi, Christus, reddo coronam.

« Le Christ m'a donné un sceptre, je lui rends ma couronne. »

Sur celle de Marie était ce distique :

Tu caput ante meum cinxisti, Virgo corona ;
Nunc caput ecce tegel nostra corona tuum.

« O Vierge vous avez la première ceint ma tête d'une couronne ;

» Voici maintenant que notre couronne repose sur votre front. »

Et en reconnaissance de la naissance tant désirée d'un fils, Louis XIII voulut offrir un présent digne de celui qui devait être le grand roi.

Un ange d'argent de grandeur naturelle et du poids de 360 livres tenait entre les mains un coussin pareilllement d'argent sur lequel reposait un enfant d'or pesant 24 livres. C'était le poids de l'enfant de France quelques jours après sa naissance. L'ange, dans une attitude noblement respectueuse, présentait l'enfant à la Sainte Vierge. Et le bambin souriait tendant ses mains vers elle. Sur le socle on lisait : « La France rend à la Vierge l'enfant que la

Vierge lui a donné. » Toutes les autres offrandes pâlissent devant celle d'un de nos rois.

Louis XIV hérita de son père et de sa mère d'une dévotion sincère envers Marie. Chaque jour il disait son chapelet comme la dernière bonne femme de son royaume. Il vénérait surtout Notre-Dame de Lorette à qui il devait sa naissance. Il voulut en faire le pèlerinage par ambassadeur, ne pouvant l'accomplir en personne. Un saint religieux frère Fiacre (1) fut chargé de cette mission en 1659. Ce dernier offrit à la Vierge de Lorette le présent que lui envoyait Louis XIV, et lui remit le traité de paix qui unissait les deux couronnes de France et d'Espagne (2).

Les grands seigneurs imitèrent Louis XIII et Louis XIV. Le prince de Conti, attribuant sa délivrance à Marie, lui offrit une représentation en argent du château de Vincennes où il avait été prisonnier politique.

De riches présents furent envoyés par le prince de Condé et le duc d'Epernon arrachés, l'un à une maladie mortelle, l'autre aux suites d'une terrible chute, qui l'avait précipité dans un abime. On cite encore parmi les pèlerins de marque ou donateurs francais de ce siècle, le duc de Créqui, Louis et René de Marillac, et de Chavigny dont on voit le tableau d'argent dans le trésor de la basilique Lauretane.

---

(1) Ce frère Fiacre, des Augustins déchaussés de France, mourut en odeur de sainteté en 1684. Il a été canonisé vers le milieu du siècle dernier.

A sa mort le peuple de Paris attachait un grand prix à son portrait. Alors s'introduisit l'usage de placer cette gravure dans l'intérieur des voitures de louage comme un préservatif de malheur, d'où le nom de fiacre donné à ces voitures.

(2) Que de gens hésitèrent à croire et surtout à confesser leur croyance au prodige de Lorette, parce qu'ils ne voient là qu'une dévotion de bonne femme ! Eh bien s'ils ne se sentent pas encore rassurés dans la compagnie de Sixte V et de Benoît XIV, de Montaigne et de Descartes, du grand Condé et de Louis XIV, nous leur adjoindrons encore Fénelon et Bossuet. « J'espère, écrivait Fénelon, que Bourbon ne m'oubliera pas dans la chapelle de la Sainte-Vierge à Lorette. » Nous lisons dans la vie de Bossuet que durant les conférences d'Issy sur le Quiétisme, il aimait à aller prier dans une chapelle élevée par les Sulpiciens sur le modèle exact et en l'honneur de la Sainte Maison de Lorette.

Le pèlerinage d'un seigneur de la Haute-Auvergne près de notre pays, miraculeusement sauvé de la main des Turcs, est encore à remarquer. Après avoir remercié la Sainte Vierge, il bâtit à Salers, dès son retour et à ses frais, une magnifique église gothique, sous le vocable de Notre-Dame de Lorette.

« Qu'il est beau, dit Mgr Bouvier, dans son *Histoire abrégée de la philosophie*, dans le même XVIIe siècle qui fut si grand, parce qu'il était si religieux de voir, à côté des saints et des héros, les savants et les philosophes, venir se recommander à Marie pour obtenir les lumières dont ils reconnaissaient avoir besoin ! C'est ce sentiment qui portait Descartes, au moment où il concevait un nouveau système philosophique, à faire vœu d'aller en pèlerinage à Notre-Dame de Lorette, si la Sainte Vierge l'assistait dans cette entreprise si périlleuse (1). »

« Descartes, dit Ozanam, agité dans ses méditations solitaires, de cette idée qui devait changer toute la philosophie, se rend à Notre-Dame de Lorette, afin d'obtenir la grâce de ne point tromper le genre humain. » Combien de philosophes, avant comme après lui, auraient eu besoin de la même grâce !

« Le zèle de Descartes, ajoute son historien, alla plus loin encore et lui fit promettre que dès qu'il serait à Venise, il se mettrait en chemin, par terre, pour faire le pèlerinage a pieds jusqu'à Lorette, que si ces forces ne pouvaient fournir à cette fatigue, il prendrait au moins l'extérieur le plus dévot et le plus humble qu'il lui serait possible pour s'en acquitter.

» C'était au mois de novembre 1619, étant en Allemagne, qu'il avait fait ce vœu ; il l'accomplit en 1624 (2). »

Un croyant de Lorette, qui surprendra plus encore que le philosophe Descartes, c'est Erasme.

---

(1) Mgr Bouvier, *Histoire de la philosophie*, tome II.

(2) *Vie de Descartes*, par Baillet.

« Erasme, dit le Père Richeome, bien plus prompt à répondre et à *pinser*, où il trouve de quoy, qu'à croire les dévotions de la Vierge sans bonnes cautions. »

Ce sceptique railleur, cette sorte de demi-protestant, a composé *en l'honneur de Notre-Dame de Lorette un discours et une messe*, qu'approuva l'évêque de Besançon.

Un autre érudit du même siècle et du même pays, mais d'une orthodoxie plus pure, Juste Lipse, envoya à Notre-Dame de Lorette cette plume qui avait écrit tant de savants traités : la plume était en or et accompagné de ce distique :

Fauste, Virgo parens, calami, quæso, accipe votum.
Terrena ut linquens verba superna ferat.

C'est aussi le vénérable M. Olier, fondateur des prêtres de Saint-Sulpice, qui, en 1620, obtint à Lorette les grâces insignes d'une sainte vocation et légua en reconnaissance à l'un de ses successeurs, M. Tronson, l'honneur d'élever le sanctuaire de Lorette d'Issy.

M. de Bretonvilliers, digne émule et successeur de M. Olier dans la supériorité générale de Saint-Sulpice, voulut aussi visiter la Santa Casa où il fut miraculeusement et instantanément guéri après avoir bu quelques gouttes d'eau dans la tasse qui avait servi à l'Enfant Jésus.

Enfin au milieu même de ce XVIIe siècle, le duc Louis d'Arpajon dont nous allons bientôt dire la vie, la faute et la réparation, vint à son tour en Italie, et surtout à Lorette, chercher la guérison des souffrances morales qu'il était impuissant à trouver ailleurs. L'apaisement se fit, en effet, complet dans son âme du jour où il s'engagea, par un vœu solennel, à élever en face du château de Sévérac une chapelle sous le vocable de Notre-Dame de Lorette. A défaut d'une relation qui n'aura jamais été écrite, rien ne prouverait mieux d'ailleurs ce pèlerinage que le choix judicieux du monticule au haut duquel s'éleva bientôt ce dernier sanctuaire.

Tous les étrangers qui ont déjà parcouru l'Italie sont vivement frappés des termes de comparaison et de similitude qu'ils retrouvent dans la contemplation successive de ces deux panoramas.

Mais avant de nous éloigner des belles Madones d'Italie écoutons ces doux vers adressés à la Santa Casa par un enfant de la France, notre contemporain :

I

Pauvre Maison où Marie
D'un fils divin prenait soin,
A genoux, l'âme attendrie,
Je te contemplais de loin.

II

C'est donc ici qu'ils vécurent
Me disais-je. J'écoutais
Ce que les pierres murmurent
Pour ne l'oublier jamais.

III

O sainte enfance ! O tendresse,
Sourires de mon Sauveur !
Durs travaux de sa jeunesse !
Abaissement et grandeur !

IV

Ici trente ans, sans relâche
Celui qui créa les Cieux
D'un mot ; sur son humble tâche
Se courba silencieux.

V

Et trente ans silencieuse
Devant ce fils adoré,
Ta prière, femme heureuse,
Monta sur ce toit sacré.

VI

Non, non, de ces murs antiques,
Nul ne devrait approcher !
Seules, les mains angéliques
Sont dignes de les toucher.

VII

Les anges qui les portèrent
En chantant prirent leur vol,
Et les lauriers s'inclinèrent
Quand leur pied toucha le sol,

VIII

Et les lauriers et les anges
Ont fait ce que nous ferons,
Comme eux chantons ses louanges,
Et comme eux courbons nos fronts.

IX

Ta main pourtant me relève,
Tu me dis d'entrer chez toi,
Mère ce serait un rêve,
Si Jésus n'était en moi.

X

Mais tu veux que je t'honore
Comme il t'honora jadis,
Eh bien ! j'obéis encore,
Ma mère, accueille ton fils.

Octave Ducros, de Sixt.

Parmi nos contemporains encore, citons les abbés Gaume et Milocheau, MM. Ed. Lafond et Louis Veuillot, qui ont consigné dans des pages touchantes les impressions de leur visite à la Santa Casa. Mais ce cadre restreint ne permet pas de retracer leurs écrits.

X

Notre-Dame de Lorette près Sévérac-le-Château, diocèse de Rodez.

Dans la région centrale du diocèse de Rodez, mais vers l'est, au point où l'Aveyron prend sa source et où ce département confine avec la Lozère, s'élève le monticule de Lorette, au haut duquel on arrive du côté du nord-est par un chemin contournant. Ce plateau entouré vers son sommet de tilleuls séculaires est plutôt un rocher recouvert de gazon.

La chapelle de Lorette, qui le couronne, dont les proportions ont été exactement calculées sur celles de la maison de Nazareth (1), est bâtie à son extrémité orientale, sans luxe d'architecture. On y entre par deux portes latérales à deux battants qui se trouvent près de l'extrémité occidentale. A gauche de la porte du midi, se trouve un bénitier rond en pierre, scellé dans la muraille. Dans le mur qui fait face à l'autel s'ouvre la croisée de l'ange. Les murailles finement recrépies à l'intérieur et peintes couleur de pierre grise sont découpées en filets carrés. Le plafond bleu de ciel est semé d'étoiles dorées. En construisant cette voûte on a laissé au centre une excavation de forme ronde pour représenter celle qui est à Lorette, d'où partent les chaînons d'un beau lustre. Quatre jolies petites lampes latérales accompagnent le lustre de chaque côté.

L'autel en marbre blanc est tourné vers l'orient. Le tabernacle est une urne élégante avec de chaque côté deux têtes d'anges ailés. Derrière l'autel est un espace libre qu'on appelle le Santo Camino. Au dessus du vide qui représente la cheminée, dans une niche exactement comme en Italie, est la statue de la Sainte-Vierge tenant l'Enfant Jésus sur son bras gauche. A gauche de l'autel dans le mur latéral est une petite armoire en bois ouvrant à deux battants. Sur le même plan toujours à gauche, au fond de la chapelle, se trouve la porte qui conduit à la sacristie. Le sous-sol de celle-ci sans communication intérieure, est une grotte formée en partie par l'excavation naturelle du rocher et partie par les fondations de l'édifice ; on y pénètre par une ouverture extérieure.

Tous les objets consacrés autrefois au culte ont disparu de la chapelle et de ses dépendances, seul dans la sacristie se trouve un ancien prie-dieu très simple en bois ayant appartenu à un des derniers chapelains, l'abbé Quinsart. Il fut retrouvé dans une maison de Sévérac.

(1) La chambre de Marie en effet y mesure à l'intérieur comme à Nazareth, un peu moins de trente pieds de longueur, treize de largeur et à peu près autant d'élévation.

Le trésor des reliques y était autrefois très remarquable. On sait aussi que d'insignes reliques furent emportées lors de la tourmente révolutionnaire par un des derniers chapelains pour les soustraire à la profanation.

Deux belles châsses en bronze doré existent actuellement où l'on voit dans l'une d'elles, une écuelle faite sur le modèle de celle de l'Enfant Jésus. C'est un précieux souvenir offert par un parent de l'abbé Denys Boyer, directeur de Saint-Sulpice, qui l'avait apportée en souvenir d'un pèlerinage qu'il fit à Notre-Dame de Lorette d'Italie en 1841 quelques mois seulement avant sa mort.

En face de la sacristie et à l'autre extrémité du Santo Camino se trouve une autre porte donnant accès dans la chapelle de Saint-Joseph qui se trouve placée à droite de l'autel de la Sainte Maison. A côté de cette porte un large arceau à jour permet de suivre les offices qui se célèbrent dans le sanctuaire. Une croisée au midi éclaire cette chapelle. Une belle statue de saint Joseph guidant l'Enfant Jésus dans ses premiers pas, est posée sur une élégante console à la hauteur du mur parallèle à celui où est la statue de la Sainte-Vierge. Cet arceau aujourd'hui plein, autrefois vide, sépare cette chapelle de Saint-Joseph d'une grande église en forme de croix latine, dont elle formait un des bras faisant communiquer cette vaste église avec la chapelle de Lorette. L'autre bras était formé par une autre chapelle dans laquelle une petite ouverture donnait accès sur la cage de l'escalier du clocher et permettait en même temps de sonner les offices sans sortir du saint lieu. Cette église placée au chevet de la chapelle de Lorette avait son maitre-autel adossé à la sacristie, on voit encore deux portes murées qui permettaient d'entrer dans la sacristie de chaque côté de l'autel. C'est là l'église qui était anciennement dédiée par le duc d'Arpajon à saint Louis et saint Joseph et ces deux dévotions devaient occuper le maître-autel et l'une des chapelles.

L'autre chapelle aurait été, paraît-il, dédiée à

l'Ange Gardien, mais nous n'avons d'autres documents à ce sujet qu'un testament de Pierre Vacquier de Labaume, supérieur de Lorette, datant de 1750 où il demande à être inhumé à Lorette dans la chapelle du Saint-Ange Gardien (1). Certaines personnes anciennes et dignes de foi nous ont dit encore qu'il existait à Lorette une chapelle de l'Ange Gardien. Cela ne nous surprend pas, car dans l'église Saint-Sauveur de Sévérac existait aussi, il y a peu d'années, une chapelle dédiée au Saint-Ange Gardien ornée d'un tableau assez joli, le représentant, conduisant un petit enfant par la main. Cette chapelle était précisément celle des seigneurs de Sévérac.

Il est probable qu'autrefois la confrérie du Saint-Ange Gardien devait exister à Sévérac.

Plusieurs autres chapelains ont été enterrés dans la chapelle de Saint-Joseph, et aussi autour de la crypte en dehors du côté du nord. Il y aurait là, disent les anciens, le tombeau de M. Pourquery, dernier sous-directeur de Lorette.

Au-dessous de la grande église de Lorette et formant crypte en quelque sorte, se trouve une seconde voûte aussi longue et aussi large qui servait de refuge aux pèlerins, surtout aux processions qui attendaient là leur tour. L'entrée de ce refuge ou crypte se trouve situé au premier plan en montant à la chapelle du côté de la maison des chapelains. L'entrée, une très large porte, regarde l'orient. Au-dessus de cette porte une jolie petite niche aujourd'hui privée de sa statue existe encore. En face de la porte d'entrée, dans la crypte, se trouve une autre porte aujourd'hui murée ouvrant du côté de l'occident, à partir de laquelle se déroulait tout le tour du mamelon, à quelques mètres au dessous du plateau, une large promenade circulaire allant rejoindre le chemin qui monte à la chapelle ce qui permettait aux processions de se déployer largement, en chantant les gloires de Marie. Cette

(1) Note fournie par M. V. de Labaume, curé de Compeyre.

belle allée était autrefois plantée de magnifiques tilleuls, de marronniers, de chênes et les chapelains ont dû y réciter journellement les pieuses oraisons de leur bréviaire et du rosaire.

L'habitation des chapelains est placée à l'extrémité et au chevet de ces deux voûtes superposées et fait face au sud-est. Le rez-de-chaussée comprend une cuisine avec ses dépendances et un spacieux réfectoire solidement voûtés. Un large et commode escalier de pierre très indépendant donnait accès aux cellules du premier et du second étage dont les portes aujourd'hui murées permettaient une communication facile avec la grande église. Devant la maison une large terrasse à côté de l'ancien jardin potager très abrité du nord, d'où l'on découvre un très beau panorama. A l'est, le petit village de Cayrac près duquel l'Aveyron prend sa source. Cette rivière coule doucement au pied du coteau de Lorette tout en traversant la route nationale n° 9 de Paris à Perpignan. En face, le joli petit bois de Lorette couronné d'arbres toujours verts. Au midi, la gorge de Verlinque d'où s'échappe le ruisseau de ce nom, d'où débouchent et où s'engouffrent tour à tour dans une série de petits tunnels, les trains sans cesse renouvelés du chemin de fer. Encore, tout à fait au pied du coteau, l'important moulin de la Calsade, avec ses larges réservoirs, tandis que le bois de Saint-Chély borne l'horizon un peu plus loin.

Nous avons nommé Saint-Chély, autrefois l'importante paroisse de Sévérac, malgré que celui-ci possédât diverses églises et chapelles. Les Calquières et nombre d'autres hameaux paraissent tour à tour.

Avant d'aller plus loin, nous devons signaler à l'attention des pèlerins une petite fontaine, dite de Marie, en souvenir sans doute de celle de Nazareth, qui coule à mi côteau juste au-dessous de la maison des chapelains. Cette fontaine ne tarit jamais, même en la plus grande sécheresse et son eau très limpide est très agréable à boire.

Les pèlerins de Terre-Sainte vont se laver les mains et la tête à une fontaine dite aussi fontaine de Marie et lui attribuent une vertu puissante pour toutes sortes d'infirmités. D'après une légende fort ancienne ce serait à son retour de cette fontaine où elle avait été cherché l'eau nécessaire à son ménage que la Sainte Vierge avait reçu la visite de l'ange de l'Annonciation.

En avançant vers l'ouest, on voit presque au pied du coteau la gare de Sévérac que l'on dirait placée là tout exprès pour se mettre sous la protection de la Vierge de Lorette, et pour desservir la pieuse chapelle par la concordance des trains d'arrivée et de départ.

Et ne peut-on pas à bon droit invoquer la vierge de Lorette comme la patronne des voyageurs; elle, dont la maison a voyagé à travers les espaces et les mers !

Oui, en sortant de la chapelle, le pèlerin se trouve ravi par le splendide tableau qui se déroule sous ses yeux ! De tous côtés une immense plaine couverte de belles prairies, sillonnée de nombreuses routes et de la voie ferrée qui dessert trois lignes; les villages, les paroisses se succèdent en formant comme un cirque autour de Lorette. En commençant à l'est : Saint-Dalmazy, Auberoques, Altès, puis, au couchant, Lapanouse, Cornuéjouls, Buzeins. Mais dominant le tout et faisant face, Sévérac pittoresquement bâti en amphithéâtre couronné de son antique manoir, demeure princière du duc Louis d'Arpajon, fondateur de Lorette, dont nous allons nous entretenir. Les pieux pèlerins auraient amplement le temps de visiter encore le château et de reprendre l'un des nombreux trains du soir emportant dans leurs foyers les douces émotions de la piété jointes aux agréables satisfactions du tourisme.

Avant de clore ce chapitre, qu'il nous soit permis de nous faire l'écho de tous ceux qui visitent Lorette. Les vastes bâtiments dont nous avons parlé qui avoisinent la chapelle ne sont pas encore détruits.

Une main énergique et puissante pourrait encore les sauver de la ruine, mais le temps presse, car l'action meurtrière des siècles les a déjà fortement atteints. Daigne l'humble Vierge de Nazareth elle-même y pourvoir et diriger ceux-là seuls qui pourraient les sauver !

IX (1)

Biographie du duc Louis d'Arpajon.

L'histoire du sanctuaire de Lorette est si intimement liée dans ses origines et sa prospérité primitive à celle de son fondateur qu'il devient impossible de raconter tous les faits intéressants, isolément les uns des autres.

Le château de Sévévac est le berceau d'une race de haute chevalerie et baronnage laquelle, après avoir jeté de l'éclat pendant la première période féodale, avait vu sa descendance masculine s'éteindre tout à fait. Ce vaste domaine passa, par le mariage d'une riche et unique héritière, à la famille d'Arpajon qui par là augmenta encore sa puissance et put ainsi marcher de pair avec les premiers seigneurs du royaume.

Les seigneurs d'Arpajon étaient issus de la première race comtale de Rodez, descendant elle-même des anciens vicomtes de Rouergue établis par Charlemagne et alliée (dit Moreri) aux plus grands du royaume et aux rois d'Aragon. La maison, dit-il,

(1) Tout ce qui est contenu dans les chapitres 11, 12 et 13 concernant l'histoire locale, est extrait des notes de M. Monestier, ancien capitaine des dragons, chevalier de la Légion d'honneur, longtemps maire de Sévérac et d'après les documents authentiques qu'il avait réunis, voulant faire l'histoire du Rouergue. Mais il n'eut pas le temps de réaliser ce projet; il avait néanmoins communiqué bon nombre de ces notices soit à M. Jules Duval, et par lui à la Société des lettres, soit à M. de Barrau, soit à M. de Gaujal

Ce qui concerne la chapelle de Lorette a été également pris dans la note « *Sur l'ancienneté des Eglises ou Chapelles de Sévérac* », rédigée et remise par M. Monestier à Mgr Giraud, alors évêque de Rodez et mort plus tard cardinal et archevêque de Cambrai.

qui existait de son temps, était une branche cadette des comtes de Toulouse. Illustre par son origine elle a jusqu'à la fin soutenu la gloire de son nom, par de grands services, de belles alliances et l'éclat de sa fortune.

La maison d'Arpajon portait anciennement pour armes : une griffe d'oiseau de proie ayant l'ongle fort crochu du latin « Arpago » mis en bande. La harpe qu'elle a porté plus tard est le même armorial que celui du royaume d'Irlande.

La griffe est encore gravée sur une ancienne porte du château de Calmont. Plus tard la maison d'Arpajon écartelait 1er de Toulouse, 2e et 3e de Sévérac, 4e d'Arpajon avec la légende : *quiquid agas prudenter agas et repice* : Agis en tout avec prudence et réflexion.

Louis, duc d'Arpajon, marquis de Sévérac, comte de Rodez, baron de Salvagnac, de Montclar, etc., chevalier des ordres du roi, gouverneur de Lorraine, lieutenant général pour Sa Majesté au gouvernement du Languedoc, général de ses armées, ministre d'Etat, pair de France, fut sans contredit de tous les rejetons de cette illustre famille, celui dont elle reçut le plus d'éclat. Il était fils de Jean VI vicomte d'Arpajon et de Jacquette de Castelnau de Clermont.

Il se distingua au combat de Félissant où il reçut neuf blessures, leva un régiment d'infanterie en 1621, qui fut depuis le régiment de Royal, pour le siège de Montauban où il se distingua l'année suivante. Il servit en qualité de volontaire au siège de Tonnay où il fut fait maréchal de camp, et défit Castain qui était l'espérance des religionnaires, assurant par ce moyen le Languedoc. Le roi Louis XIII lui donna le gouvernement de Nancy et de la Lorraine. Après avoir beaucoup contribué à sauver Casal, le Montferrat et le Piémont, il se trouva à la prise de 32 villes en Franche-Comté, emporta de force la ville de Trêves après avoir défait les troupes qui venaient la secourir ; se trouva à la réduction de Lamothe et à la défaite de deux mille chevaux à la vue de Saint-Omer ; il prit Lunéville au fort de l'hiver, Salies et Elne en Roussillon ; il mit la Guienne dans le devoir par sa bonne conduite en 1642 ; et, par sa prévoyance il rompit le dessein qu'avait l'ennemi sur nos frontières, pendant que les forces de l'Etat étaient occupées à Perpignan en Allemagne et ailleurs.

En 1645, sachant que les Turcs menaçaient l'île de Malte, le comte d'Arpajon résolut d'aller au secours de l'Ordre. Il fit un appel à tous ses vassaux et à ses dépens leva un corps de deux mille hommes. Le roi lui en avait fait expédier l'autorisation et lui avait même écrit à cet effet à la date du 22 août 1646 (inventaire du château).

M. de Gaujal, dans ses *Annales* s'exprime ainsi : « Louis d'Arpajon, héritier de l'âme plus encore que des biens de Sévérac, fit revivre les plus beaux jours de la chevalerie et de la religion par sa noble expédition de Malte qui aurait honoré un souverain. Il fit prendre les armes à tous ses vassaux, leva deux mille hommes à ses dépens, chargea plusieurs vaisseaux de munitions de guerre et de bouche et mit à la voile pour Malte accompagné d'un grand nombre de gentilshommes ses parents ou ses amis. » Le grand maître des Templiers pour reconnaître un service si important lui déféra le généralat des armées avec le pouvoir de se choisir lui-même trois lieutenants généraux. L'alarme que les Turcs avaient inspirée s'étant dissipée ; lorsque le vicomte d'Arpajon retourna en France, le grand maitre, Paul Lascaris, de l'avis du conseil, lui donna le 30 mai, pour lui et son fils aîné de porter la grand'croix de l'ordre et le privilège que pour une fois seulement l'un de ses fils à son choix serait chevalier en naissant et grand'-croix à l'âge de 16 ans. On lui accorda aussi, de même qu'aux aînés de la maison, l'honneur de porter l'écu de la religion sur ses armes et la croix octogonale avec les extrémités saillantes sous son écu. Le 27 juillet suivant, les honneurs de grand'-croix furent même attribués aux femmes de la maison d'Arpajon à défaut de mâles et tous ces privilèges furent reconnus et certifiés le 5 mai 1715 par Raymond de Perolles alors grand-maître.

Ce dévouement du vicomte d'Arpajon saisit d'admiration toute la France et prouva combien le bonhomme, comme le traite Saint-Simon, à cause de l'âge où il parvint, eût été digne du bâton de maréchal qu'il avait ambitionné, qu'on lui avait promis sans que toutefois il l'eût demandé et qu'on ne lui donna jamais.

Nommé en 1648 ambassadeur extraordinaire auprès de Ladislas VII, roi de Pologne, pour lui porter le collier de l'ordre du Saint-Esprit, il ne put remplir l'objet de sa mission ce monarque étant mort avant son arrivée. Cependant il se rendit à Varsovie où il favorisa l'élection de Casimir, frère du roi défunt, laquelle eut lieu le 20 novembre suivant. Cette élection était dans l'intérêt de la France.

De retour à son château de Sévérac il reçut le 16 septembre 1650 le brevet de duc et de pair ; le 5 mars 1652 il fut nommé lieutenant général à l'armée du Languedoc et en 1653 ministre d'Etat. Le 20 janvier 1656, lui fut expédié le brevet de mestre de camp du régiment du roi infanterie ; il partit de Sévérac le 8 mai suivant avec M. de Saint-Point qui en était le lieutenant-colonel, pour se rendre à Clermont en Auvergne, en prendre le commandement, et de deux régiments portant le nom de Royal, n'en former qu'un. Il fut sénéchal du Gévaudan en 1657. Le 10 février 1662 il eut mission de porter le collier de l'ordre du Saint-Esprit au prince de Conti, à Gaspard de Daillan du Lude, évêque d'Alby et autres. Il fit cette cérémonie à Pézénas le 25 mars suivant et l'année d'après il se démit de la lieutenance générale en faveur du comte de Grignan.

Ici semble finir la carrière politique du duc d'Arpajon. Nous ne pouvons citer tous les nombreux exploits et faits d'armes dont elle fut remplie ni toutes les dignités qui en furent la juste récompense ; les

LOVIS VICOMTE D'ARPAION MARQVIS
de ſeuerac comte de Rodez conſeillier du Roy
en ſon conſeil d'eſtat cheualier de ſes ordres et
lieutenant general des armées de ſa Maieſté etª.

places éminentes que le duc a occupées, les diverses commanderies qu'il a exercées. Ses actions militaires attestent autant son mérite personnel, que la haute considération dont il jouissait. Ses armoiries étaient écartelées : 1, de Toulouse ; 2, de Sévérac ; 3, de France ; 4, d'Arpajon ; on leur donnait l'explication suivante :

Citharia conjungit, iberia vectes
Liliœ dant Galli, dat que Tolosa crucem (1).

Louis, duc d'Arpajon, s'était marié trois fois : d'abord avec Gloriande de Thémines qu'il fit périr ainsi qu'on va le voir, à suite d'une atroce calomnie. Il en avait eu 4 enfants.

1° Pons d'Arpajon, né le 8 juillet 1623, mort sans doute en bas âge ; il n'en est plus question (2).

2° Jeanne-Louise, qui était abbesse de Villemur au diocèse de Castres en 1665.

2° Jacqueline, entrée au couvent des Carmélites du faubourg St-Jacques à Paris le 3 août 1655.

4° Jean-Louis, né le 3 juillet 1632 et qu'il déshérita comme nous le verrons au chapitre suivant.

Son second mariage eut lieu par contrat du 3 février 1657 avec Marie-Elisabeth de Simiane de Moncha, fille de Bertrand de Simiane, comte de Moncha, maréchal de camp et de Louise de Malaus. Elle mourut à Pézénas où elle avait accompagné son mari à la tenue des états de la province de Languedoc le 9 novembre 1657. Son corps fut transporté à l'église de Ceignac le 23 du même mois.

Elle était âgée d'environ 30 ans, elle demeura avec son mari neuf mois et cinq jours, fut fort regrettée de tous ses vassaux : elle était belle et de grande stature. (Journal de Claude de Villaret.)

Et le troisième : par contrat du 24 juillet 1669 avec Catherine-Henriette d'Harcourt de Beuvron

---

(1) L'Ibérie unit les pals à la Cithare
France donne les lys, Toulouse donne la croix.

(2) M. le marquis d'Arpajon, l'aîné est né le 8 juillet 1623, feu de joye à Sévérac. (Moreri, art. Arpajon, édition de 1704.)

(dame d'honneur d'Anne Victoire de Bavière dauphine, décédée à Paris le 10 mai 1710. Il eut de ce mariage : Catherine Françoise d'Arpajon, mariée le 8 février 1689 avec François de Roye de la Rochefoucault, comte de Roucy, héritière universelle du duc d'Arpajon par donation de l'an 1670, décédée en 1716.

XII

Tradition connue dans le pays, sur le meurtre de Gloriande de Thémines, duchesse d'Arpajon, se rattachant à la fondation de Lorette. Opinions diverses.

Pour être complet et quelles que soient d'ailleurs les hautes qualités de Louis d'Arpajon, ainsi qu'on a pu le constater par ce qui précède, nous ne pouvons passer sous silence, une tradition très accréditée dans le pays. Sans toutefois donner à cette légende la valeur d'un fait historique, nous exposerons comment certains actes, même de Louis d'Arpajon, paraissent confirmer la réalité de cette tradition populaire.

Notre impartialité nous fait du reste un devoir de dire le pour et le contre en cette matière.

A la date du 1er février 1622, Louis avait épousé, dans le palais épiscopal de Cahors, Gloriande de Lauzières Thémines Cardaillac. « Tout semblait se réunir pour promettre aux jeunes époux de longs jours de bonheur. Fiancés dès leur enfance, cette union était l'objet des vœux des deux familles : qualités aimables et brillantes, naissance illustre, tout s'y trouvait réuni » (1). En effet, la famille de Gloriande ne le cédait en rien à celle de son noble époux. Elle était fille de Pons de Lauzières, marquis de Thémines, chevalier des ordres du roi, maréchal de France, et de Catherine d'Ebrard de

(1) De Barrau, d'après les notes à lui fournies par M. Monestier. (Lettre du 19 janvier 1839.)

Saint-Sulpice. Pons de Thémines avait servi dès l'âge de 17 ans aux guerres du Languedoc, sous le maréchal de Danville. Il rendit des services aux rois Henri III et Henri IV, signala son courage aux combats de Villeneuve en 1592, réduisit le Quercy dont il fut sénéchal et gouverneur, fut fait capitaine de 50 hommes d'armes des ordonnances, chevalier des ordres du roi en 1595 et après quarante ans de services, maréchal de France en 1616. Il commanda depuis, l'armée au siège de Montauban en 1621 où il eut sous ses ordres, Louis d'Arpajon, son futur gendre, alors commandant du régiment de Royal, prit plusieurs places en Languedoc sur les Huguenots en 1625, eut le gouvernement de la Bretagne en 1626 et mourut à Auray le 1er septembre 1627, âgé de 74 ans. La douleur de voir la mort tragique de sa fille lui fut donc épargnée. Ses armes étaient d'argent au buisson ou osier de sinople.

La profession des armes que Louis d'Arpajon avait embrassée et les temps de guerre de cette époque, l'obligeaient à de fréquentes absences.

La tradition du pays rapporte qu'à son retour de l'une d'elles, Gloriande de Thémines fut accusée auprès de lui d'infidélité conjugale. Qu'on nous permette de dire ici, dès l'abord, que cette accusation aurait été une odieuse calomnie. Poursuivie par l'intendant ou viguier du château, Gloriande avait toujours repoussé ses avances. Le viguier la menaça, si elle lui résistait encore, de l'accuser auprès du duc dès son retour. C'est ce qui arriva. Louis d'Arpajon se laissa persuader, et dès ce moment, il séquestra sa femme dans ses appartements (1).

Puis, ayant arrêté un horrible plan de vengeance, il invita Catherine Evesque, femme d'Antoine de Barthélemy, son viguier, à accompagner Mme d'Arpajon à Notre-Dame de Ceignac, où ils avaient résolu, lui dit-il, d'aller en dévotion.

Voici en quels termes Mme de V..., fille de

(1) Tradition locale.

Catherine Evesque, dame d'honneur de Gloriande, a fait le récit de cet événement à son petit-fils M. de Carbon ancien sous-préfet de Millau :

Le jour indiqué pour le prétendu pèlerinage, une première litière reçut le duc d'Arpajon ; dans une seconde montèrent la femme du viguier et Mme d'Arpajon ; dès le commencement du voyage, cette dernière fit à sa compagne la question suivante : « Savez-vous Mademoiselle où vous me conduisez ? » La réponse fut : « Nous allons en dévotion à Notre-Dame de Ceignac ainsi que Mgr d'Arpajon me l'a dit en m'invitant à être du voyage. — Eh ! bien lui répondit Gloriande, vous me conduisez à la mort, mon mari a résolu de me la faire subir aujourd'hui, nous n'allons pas à Ceignac !... »

Arrivés entre Bertholène et Montrozier, mais sur la rive gauche de l'Aveyron, vers l'endroit où les montagnes des Palanges viennent presque toucher à ses bords, les litières reçurent ordre de quitter la route et de s'enfoncer dans le bois. Injonction fut faite à Gloriande de mettre pied à terre. Un chirurgien couvert d'un masque, se présenta alors qui, malgré les prières et les supplications, les larmes et les lamentations, exécuta l'ordre terrible du mari, d'ouvrir les quatre veines à la châtelaine.

Lorsqu'on jugea que la malheureuse victime avait perdu assez de sang pour ne pas survivre, on banda ses plaies, elle fut replacée dans sa litière, qui, avec tout le cortège rebroussa chemin vers le château de Sévérac où elle expira dès son arrivée (1). Le bruit se répandit aussitôt que *Madame* était morte d'une attaque et le crime resta secret.

« Quel que soit notre respect pour les traditions locales, du moins quand au fond des choses, dit M. de Barrau dans ses *Mémoires*, nous avions peine à croire que le duc d'Arpajon, personnage historique dont le nom est environné d'une si belle renommée, eut pu, sous le règne d'un roi tel que

(1) Tradition locale et récit de Catherine Evesque.

Louis XIV, accomplir impunément une de ces atroces vengeances dont on ne retrouve d'exemple que dans la barbarie des premiers temps féodaux. Mais voici qu'un témoignage précis est venu donner plus de poids à la légende. Feu M. Monestier, capitaine de dragons sous le Ier empire, chevalier de la Légion d'honneur et ancien maire de Sévérac, qui s'est occupé avec une longue expérience de tout ce qui a trait à l'histoire des seigneurs de Sévérac, nous écrivait le 23 juillet 1837, au sujet de la fin tragique de dame d'Arpajon :

« C'est la version qui m'a été faite par M. de » Carbon, ancien sous-préfet de Millau, qui dit la » tenir de son aïeule Mme de V..., cette dernière » fille de la susdite Catherine Evesque, femme du » viguier de Sévérac, celle-là même qui fut présente » au supplice de Gloriande de Lauzinères-Thémi- » nes.

» L'événement eut lieu le 8 avril 1635... »

Nous ajoutons que le registre de l'état civil de Sévérac n° 3, porte : « Haute dame Gloriande de Thémines est décédée au mois d'april 1635, est décédée à Rodez (1). ».

M. de Barrau et M. l'abbé Bousquet, ancien curé de Buzeins, ont accepté la légende telle qu'elle était racontée par Catherine Evesque. Mais les deux biographes ne l'ont accompagnée d'aucune note critique.

Voici ce que dit M. Henri Affre dans sa Biographie Aveyronnaise : « Doit-on admettre comme un fait certain et indubitable ce récit de la tradition ?.. Je ne le pense pas, et il est à souhaiter que quelque Aveyronnais, s'occupant d'histoire locale,

---

(1) Il est à remarquer que le Journal de Claude de Villaret, qui relate tous les faits importants de la famille d'Arpajon, du château, et même du pays, ne fait même pas mention de la mort de Gloriande, la plus grande dame du pays.

Que de tous les documents de l'époque, seul, l'Etat civil de Sévérac relate cette mort en trois lignes ! et encore le jour du décès n'y est pas indiqué. Seul, l'acte de donation de Lorette, ou le duc demande et fixe le nombre de messes et le jour où elles doivent être célébrées, indiqué le 8 avril comme anniversaire de la mort de Gloriande. Or cet acte ne fut rédigé que 31 ans après ce décès.

se livre à de minutieuses recherches sur ce point capital de la vie du duc d'Arpajon. Voici en effet un passage d'un registre de baptêmes, mariages et décès de la paroisse de Sévérac qui autorise parfaitement le doute en pareille matière. » (Suit l'article du registre n° 3 cité plus haut.)

Mais l'érudit archiviste a oublié involontairement sans nul doute d'ajouter un fait non moins capital à cette matière : c'est que les recherches les plus minutieuses dans les archives de Rodez n'ont pas permis de découvrir la moindre indication en faveur de son opinion négative.

Comment admettre que la mort de Gloriande d'Arpajon, qualifiée dans plusieurs circonstances ou actes, de haute et puissante dame (1), n'ait pas été relatée dans les registres de la cité ruthénoise, et comment expliquer qu'il y soit gardé un silence absolu aussi, sur le lieu de sa sépulture. Cette répétition dans le registre cité « est décédée à Rodez », n'est-elle pas pour dérouter les soupçons, alors surtout que la crainte du seigneur d'Arpajon et les difficultés de communication rendaient tout contrôle difficile ?

Le meurtre de Gloriande avait été commis plutôt sur le territoire du comté de Rodez, que sur celui de marquisat de Sévérac. En ramenant Gloriande mourante à Sévérac, on a dû simplement affirmer au curé du château sa mort subite aux environs de Rodez, au cours d'un pèlerinage à Ceignac.

Ce passage du registre, au lieu d'infirmer le récit de la tradition, vient au contraire lui donner un appui aussi direct qu'inattendu.

Nous ne trouvons aucune trace non plus du lieu de sa sépulture, tandis que nombre de documents de l'époque relatent non seulement les décès, mais le lieu des tombeaux de presque toute la lignée des seigneurs et dames d'Arpajon, tant antérieure

---

(1) Témoin aux etats du Languedoc 1634. 13 novembre, dans un acte relatant les hommages reçus par haute et puissante dame Gloriande de Thémimes duchesse d'Arpajon pour le duc absent, etc., etc.

que postérieure. Citons-en quelques-uns seulement, d'après les documents de l'époque :

« 1° Le 20 décembre 1633, Françoise de Montal, femme de Charles d'Arpajon (et aïeule de Louis duc d'Arpajon) mourut à Calmont-du-Plancatge et fut enterrée à Ceignac (1) ».

2° Jean VI d'Arpajon, fils de Charles et de Françoise de Montal, mari de Jacquette de Castelnau et de Clermont, (père de Louis, duc d'Arpajon, beau-père de Gloriande), décéda le 19 mai 1634 ; l'état-civil dit qu'il mourut à Rodez et fut enterré à Ceignac.

3° Marie de Simiane de Moncha, duchesse d'Arpajon, seconde femme du duc Louis, décédée à Pézénas, le 9 novembre 1657, à 9 h. du soir, enterrée à Ceignac le 23 du même mois ; son cœur fut porté à Lorette (2).

4° Jacquette de Castelnau de Clermont, qui se convertit. Veuve de Jean VI et mère de Louis, décéda en son château de Brusque le 18 février 1659. Elle fut inhumée le 17 mars suivant dans l'église de Notre-Dame de Ceignac, et le 21 son cœur fut porté dans la chapelle de Notre-Dame de Lorette à côté de celui de Marie de Simiane sa seconde belle-fille (3).

5° « Le duc d'Arpajon est décédé dans son château de Sévérac le 27 avril 1679, âgé de 90 ans. Le 15 mai son corps fut enseveli à Notre-Dame de Ceignac et son cœur à Lorette. C'était un des plus grands hommes de son temps, il fut regretté de toute la France, particulièrement de ceux de ses terres. Dieu lui fasse miséricorde à mon grand amy. » (Journal de Claude de Villaret.)

6° Catherine d'Harcourt de Beuvron, troisième femme du duc d'Arpajon, décédée à Paris le 11

---

(1) Etat civil de Sévérac, n° 3.

(2) Testament de Marie de Simiane, journal du juge du château.

(3) Testament de Jacquette, inventaire du château, journal du juge, état civil n° 3.

E. Claude de Villaret et François de Villaret.

mai 1701, fut inhumée dans la chapelle dite de la Communion de l'église du Monastère des filles de la Croix, rue de Charonne à Paris. Ses honneurs funèbres coûtèrent 6 000 fr. (description de Paris, par Piganiol de la Force, t. 4, p. 495.)

Nous pourrions en citer d'autres. D'où vient donc qu'aucun acte ne désigne la sépulture de Gloriande? Ajoutons que par le décès, (l'année avant la mort de Gloriande),de son aïeule Françoise de Montal, et de son père Jean VI, Louis d'Arpajon n'avait de compte à rendre à ce sujet qu'à sa mère Jacquette, réputée très autoritaire et très dure et qui a aussi sa légende.

Nous avons dit que le duc Louis avait eu de Gloriande de Thémines quatre enfants, et nous avons spécifié ce qu'ils étaient devenus, nous allons nous occuper seulement du dernier-né.

Jean-Louis, marquis d'Arpajon, né le 3 juillet 1632. La page 48, où est relatée sa naissance dans le registre n° 3, est paraphée en marge de la manière suivante (ainsi que celle où est relatée la naissance de son frère aîné Pons) : *Ne varietur, Belot... sans approbation ne varietur Fagon... ne varietur Cassargneau.*

Pourquoi cette formalité ou bien cette investigation de la part de trois personnes étrangères au pays, et qu'on ne peut qualifier que de commissaires de justice et dont on ne trouve pas un autre exemple dans les volumineux registres de l'état civil de Sévérac si ce n'est sur la page de celui où est relatée la naissance des deux fils du duc ? Pourquoi cette réserve « sans approbation », de la part de l'un des trois commissaires? les deux autres s'abstiennent ou ne veulent pas.

Ce dernier fils Jean-Louis était donc né deux ans neuf mois et cinq jours avant la mort de sa mère Gloriande. Plus grand, il s'enfuit du château de Sévérac et se réfugie au manoir de Calmont du Plantcage, une des dépendances des seigneurs de Sévérac, tandis que sa sœur Jacqueline entre malgré la volonté du duc son père au couvent des

Carmélites du faubourg St-Jacques à Paris en 1655. (Journal de C. de Villaret.)

« Et quand on songe à la haine acharnée qui existe dès lors entre le duc d'Arpajon et le fils qu'il avait eu de Gloriande, marquis Jean-Louis, haine que ne peut même éteindre le tombeau, n'est-on pas forcé de reconnaître qu'un sentiment si contraire aux lois de la nature devait avoir sa source dans un motif bien puissant ; c'était pour l'un la faute présumée de l'épouse, pour l'autre la mort cruelle de sa mère (1). »

On voit à différentes reprises dans le Journal de François de Villaret, lieutenant général de la baronnie de Sévérac, puis dans celui de son fils Claude qu'ils citent plusieurs fois, le marquis Jean-Louis :

« Le 25 juin 1642, Pierre de Villaret, fils à François, chante sa première messe dans le cimetière de Saint-Chély, il eut pour parrain le marquis d'Arpajon, alors âgé de 10 ans et pour marraine Mme de Villaret, sa mère. Il y eut cinq cents personnes d'invitées au festin qui eut lieu à la Calsade, la table fut mise dans une pièce de terre dite le Bartassou.

» Le 28 novembre 1651 le marquis d'Arpajon et mademoiselle sa sœur furent parrain et marraine d'Hippolyte Cœur, fille au beau-fils de La Jeunesse, capitaine ; elle fut baptisée au château (état civil n° 4).

» Le 20 avril 1655 le marquis d'Arpajon est venu en province pour faire la levée d'une compagnie de cavalerie par ordre du roi. (Journal de Claude de Villaret.)

» Le 3 août 1655 Mlle d'Arpajon est entrée au couvent des carmélites de Paris contre la volonté de son père. (Journal de Claude de Villaret.)

» Le 19 février, le jeudi, à 10 heures du soir, le marquis d'Arpajon prit Sévérac, le duc son père

---

(1) De Barrau.

vint de Paris et le reprit le 19 mars de la même année. (Journal de Claude de Villaret.)

» 1669, 16 mai, le marquis d'Arpajon est décédé à Paris ; il a laissé une fille et sa femme enceinte. (Journal de Claude de Villaret.)

» 1669, 13 juin, le fils au marquis d'Arpajon est né. » (Journal de Glaude de Vil aret.)

On voit par ces quelques lignes que les de Villaret semblent plutôt favorables au marquis, puisqu'ils ne disent rien du pillage du château que nous allons voir, et qu'ils font le marquis quoique enfant parrain de leur fils.

On lit dans un mémoire du temps que le marquis Jean-Louis après avoir réuni, dans l'hiver de 1660, une troupe assez nombreuses d'aventuriers, s'empara en main armée du château de Sévérac dans la nuit du 19 au 20 février, en l'absence du duc son père, et ne le quitta que le 19 mars suivant après avoir dévasté et mis au pillage, *la maison du viguier de Berthélemy*. Ce dernier ne dut son salut qu'à sa fuite précipitée.

Le duc Louis revint de Paris le 19 mars et reprend la ville de Sévérac ainsi que le château. Mais le duc Louis traduit son fils devant le Parlement de Toulouse, puis devant celui de Paris, qui, par un arrêt du 21 février 1664, le manda à sa barre, pour y être admonesté, l'exile pendant six mois de Paris, de sa prévoté et du ressort du Parlement de Languedoc, le condamne à restituer les meubles enlevés ou 24 000 parisis en 8 000 de dommages et intérêts et encore en 4 000 envers Antoine de Barthelemy (viguier de Sévérac) et sa femme pour excès commis envers eux, à rendre les papiers dont il se purgera par serment, le condamne aux dépens qui seront pris sur les biens lui appartenant, lui fait défense de récidiver à peine de punition exemplaire.

Le 17 mars 1660, le duc d'Arpajon, par acte fait à Toulouse exhérède une première fois son fils pour cause d'insultes faites dans le château de Sévérac. Le 24 juin 1661, le duc Louis exhérède une seconde fois son fils, à cause, dit-il, du mariage qu'il a contracté malgré la défense qu'il lui en a fait porter par arrêt du Parlement de Toulouse, 1er juin 1661, et révoque par le même acte devant notaire les dotations faites à son fils à naître par son contrat de mariage avec Gloriande, 1er février 1622. Nous devons citer ici une clause du testament de Jacquette de Castelnau de Clermont, 24 janvier 1658, qui semble s'associer ou plutôt prévenir et provoquer en quelque sorte cette exhérédation et par laquelle elle substitue ses biens à l'un des enfants à naître... !' du FUTUR MARIAGE de son fils le duc Louis (1).

Néanmoins le marquis Jean-Louis avait épousé une demoiselle de qualité : Charlotte de Vernon de la Rivière Bonneuil, dame d'honneur de la reine Anne d'Autriche ; son contrat fut signé par le roi. la reine, Philippe d'Orléans, Henriette d'Angleterre, les ducs de Crussol et de Saint-Simon, Hardouin de Péréfixe, évêque de Rodez, et autres nobles personnages.

Elle était alliée de la maison d'Ambres, ennemie jurée depuis longtemps de celle d'Arpajon, parce que le duc d'Arpajon avait succédé par testament à la vicomtesse de Moncha, mariée dans la maison d'Ambres, et au marquis d'Ambres, fils de celle-ci, tué au siège de Tonneins, ce qui excita un grand procès devant la cour de Grenoble entre les deux maisons et des haines irréconciliables qui ne cessèrent qu'après la mort du marquis d'Arpajon, en 1669 (2). » Nous verrons comment la marquise Charlotte épousa en secondes noces son parent ou allié le marquis d'Ambres.

Les enfants du marquis Jean-Louis d'Arpajon occupèrent d'ailleurs de brillantes positions et furent fort estimés. Qu'on me permette de citer ici ce qui est dit de son fils puîné : Louis, marquis d'Arpajon, né en 1669, avait obtenu des lettres patentes en 1720, pour ériger en marquisat d'Arpajon

---

(1) Extrait du testament de Jacquette de Clermont.

(2) Notes de M. Monestier, communiquées à M. de Barrau.

l'ancien bourg de Chatres (Seine-et-Oise). Il avait épousé Charlotte Lebas de Montargis dame du palais de la duchesse de Berry Louise Elisabeth d'Orléans ; de laquelle il eut deux fils, Philippe-Louis et Louis-Charles. — Il existait en Champagne en 1816 une famille du nom de Sévérac qui prétendait descendre des derniers d'Arpajon ; elle écrivit à M. Monestier dans l'automne de cette même année pour lui demander des renseignements sur cette ancienne maison. Il serait possible que Louis-Charles qui mourut après son frère, on ne sait à quelque époque, eut laissé cette descendance (H. de Barrau : *Documents historiques*). — Le même Louis avait eu une fille Anne-Claude, née le 4 mars 1729, qui s'unit en 1741 à Philippe, comte de Noailles et premier duc de Mouchy, prince de Poix, maréchal de France et chevalier de la Toison d'Or.

Elle obtint par une bulle du grand'maitre Pinto en date du 25 février 1745, comme seul rejeton de la famille d'Arpajon, la concession de la dignité de grand-croix de l'ordre de Saint-Jean de Jérusalem et la continuation du privilège accordé au duc d'Arpajon avec cette clause qu'il devait même passer à ses filles à défaut d'enfants mâles. Elle fut reçue le 13 décembre de la même année par le bailli de Froulay, ambassadeur extraordinaire de la religion à Paris.

« La comtesse de Noailles fut dame d'honneur de Madame la dauphine, Marie-Antoinette d'Autriche, depuis reine, lorsqu'on forma sa maison. Elle était le recueil vivant de toutes les traditions de la cour relatives au cérémonial et se montrait fort rigide sur ce point. Marie-Antoinette, que ses exigences ennuyait, l'avait surnommée : *Madame l'Etiquette* (1). »

La maréchale de Mouchy périt avec le maréchal son époux sur l'échafaud révolutionnaire le 27 juin 1794.

---

(1) De Barrau : *Documents historiques*.

Nous ne pouvons mieux faire que de reproduire ici à la louange du marquis Louis d'Arpajon son père, cité plus haut, petit-fils du duc et déshérité par lui, l'épitaphe gravée sur marbre qu'on lit encore dans l'église d'Arpajon (ou Chatre, Seine-et-Oise) et qu'on trouvera ci-contre. Le lecteur voudra nous pardonner cette petite digression qui, du reste, rentre bien un peu dans le cadre de notre récit qui tend à rétablir la vérité sur des faits et sur une famille persécutée et attaquée même de son vivant.

Revenons maintenant à notre récit sur le duc d'Arpajon.

Cependant, de rechef dans son testament du 8 août 1672 et dans deux codicilles du 22 février 1676 et 29 janvier 1677, le duc Louis, renouvelle cette exhérédation avec la plus grande rigueur, puisque le marquis son fils était mort le 16 mai 1669 et qu'il la reporte sur ses petits-enfants et arrière-petits-enfants de génération en génération, traitant ces petits-enfants d'illégitimes. Néanmoins, il leur fait un legs de 40 000 écus pour leur entretien « afin, dit-il, de leur fermer la bouche », et révoque ce legs s'ils viennent à quereller ses dispositions (Moreri).

C'est ce qui arriva en effet. Charlotte de la Rivière-Bonneuil, veuve du marquis d'Arpajon, et qui s'était remariée avec le marquis d'Ambres, en sa qualité de tutrice légale des enfants mineurs qu'elle avait eus de son premier mariage avec Jean-Louis d'Arpajon, attaqua après le décès de son beau-père, les dispositions qu'il avait faites. Le conseil d'état devant lequel l'affaire fut introduite, après trois arrêts successifs, en rendit un quatrième, renvoyant les parties devant le parlement de Toulouse, lequel donna en 1696 (1), gain de cause à Catherine-Françoise d'Arpajon, fille

(1) Jean Enjalbert et Jean Rozier consul de Sévérac pour 1696, portent en dépense dans leurs comptes, une somme de 40 livres, qu'ils avaient été autorisés à faire en réjouissance du procès, par la comtesse de Roucis, contre le marquis d'Arpajon.

D. O. M.

CI GIT
TRÈS HAUT ET TRÈS PUISSANT SEIGNEUR,

MONSEIGNEUR

LOUIS MARQUIS D'ARPAJON, &,&,&

LIEUTENANT GÉNÉRAL DES ARMÉES DU ROY,
CHEVALIER
DE LA TOISON D'OR ET DE SAINT-LOUIS,
CHEVALIER NÉ DE L'ORDRE DE MALTE,
GOUVERNEUR
DE LA PROVINCE DE BERRY ET DES VILLES
DE BOURGES ET D'ISSOUDUN, &.
ISSU
D'UNE DES PLUS ILLUSTRES ET DES PLUS PUISSANTES
MAISONS DE ROUERGUE,
IL MARCHA SUR LES TRACES DE SES ANCÊTRES ;
NON CONTENT D'AVOIR DONNÉ DES PREUVES
DE SA VALEUR
EN FLANDRE, EN ALLEMAGNE ET EN ITALIE,
IL SOUMIT EN ESPAGNE, LES FORTS D'ARENS,
DE VÉNASQUE, DE CASTELÉON ET DE SOLSONA
ET LES PAYS DE RIBAGORCA ET DE VALDARAN.

APRÈS DE SI GLORIEUX EXPLOITS,
IL NE SE REPOSA
QUE POUR DONNER DES PREUVES
DE SA GÉNÉROSITÉ A CETTE EGLISE
QU'IL COMBLA DE BIENFAITS,
AUX PAUVRES DONT IL ÉTAIT LE PÈRE,
ET SA PROTECTION PARTICULIÈRE A CETTE VILLE,
A QUI IL DONNA SON NOM,
AVEC L'AGRÉMENT DU ROY.

IL RENDIT SON AME AU SEIGNEUR
LE XXI AOUT DE L'AN MDCCXXXVI,
DE SON AGE LA LXVIIe.

ET EST INHUMÉ DANS CETTE ÉGLISE
SELON SES DÉSIRS.

REQUIESCANT IN PACE ! (1)

(1) Document inédit.

jnique du troisième mariage du duc Louis d'Arpajon avec Catherine-Henriette d'Harcourt, et qu'il avait instituée son unique héritière par le testament précité et les deux codicilles. Catherine-Françoise avait épousé, dans l'appartement de Mme la dauphine, le 7 février 1689, François de Roye de la Rochefoucault, comte de Roucy (1).

Il y eut cependant un accord, d'après lequel Catherine-Françoise d'Arpajon, comtesse de la Rochefoucault, délaissa certains bien de la maison paternelle, au fils de Jean-Louis et le désintéressa dans cette grande affaire.

Et tandis que le malheur atteint et brise ce que Gloriande a laissé après elle de plus cher, la fortune sourit aux de Barthélemy ; non content de l'indemnité à laquelle Jean-Louis a été condamné, nous trouvons un acte du 1er juillet 1662, ainsi conçu :

Le duc d'Arpajon ayant considéré les bons et fidèles services que le sieur Antoine de Barthelemy, son viguier, lui A RENDUS *et rend* CONTINUELLEMENT depuis quarante années, comme aussi que la maison et métairie *de demoiselle Catherine Lévesque* sa femme aurait été entièrement pillée, les meubles, papiers, argent, blés, vin et cabeaux enlevés et beaucoup souffert en sa personne par les mauvais traitements de Louis, marquis d'Arpajon, son fils, exhérédé lors de l'invasion et pillage qu'il fit en main armée du château et domicile dudit Sévérac. En récompense de leurs services, fidélités, peines et souffrances qui sont notoires de la preuve desquels il les en relève de son bon gré et pour l'affection qu'il a pour eux, par vertu du présent, a donné et donne par donation entre vifs à perpétuité irrévocable auxdits Barthélemy et Lévesque, mariés présents, la pleine seigneurie et métairie noble dite de Barbarès, consistant en maison, granges, jardins, prés et bois, tous cultes ou incultes et dépendances ainsi que lui et ses devanciers

(1) Contrat de mariage.

en ont joui et dû jouir, confrontant les terres des mandements et paroisses de Coussergues, Vimenet, Gagnac et Palmas, le dit seigneur se réservant pour lui et les siens à l'avenir marquis de Sévérac, l'hommage et serment de fidélité requis à chaque mutation de seigneur ou de vassal (Cortines).

De plus, par testament, il faisait un legs de 1 500 fr. au sieur de Barthélemy ; mais celui-ci étant mort avant lui, il donne ce legs, dans le premier codicile, au sieur de Montlauzeur.

Il donne aussi 2 000 fr. à Brunel son chirurgien, etc., etc.

On sait que le droit de haute, basse et moyenne justice était attaché à la terre de Sévérac ; mais les circonstances de la mort de Gloriande comment qu'on les traduise favorables, ou défavorables aux auteurs ou à la victime, ne sauraient prévaloir contre le fait brutal : la condamnation à mort et l'exécution d'une femme sans jugement et sans appel.

Il n'y a rien comme la passion pour rendre sourds et aveugles. Nous concevons que les accents indignés, que les supplications même d'une mère réduite à cette extrémité n'ait pu être compris d'un homme d'armes, habitué aux bruits des camps et des batailles et à toutes les horreurs de la guerre, en admettant même, ce qui est fort douteux, que Gloriande ait eu devant son époux cette suprême mais inutile ressource.

De plus, dans tout procès, l'accusation, à plus forte raison la défense, ont le droit et le devoir de s'enquérir à qui le crime a profité ; on a vu toujours qu'il n'a pas profité au fils de la victime.

Il faut convenir aussi qu'une femme de cœur ne se fut pas associée facilement comme Catherine Evesque, épouse du viguier de Barthélemy, aux bourreaux de sa noble maîtresse, si elle l'eut cru innocente. Nous supposons que son rôle, tout secondaire d'ailleurs, a pu être semi-inconscient. Son attitude pourtant paraît fort dégagée, en accompagnant la victime, et ferait naître le soupçon que c'est par elle que l'accusation a été formulée. Le cœur humain est un théâtre où se passent des scènes voilées que l'œil le plus exercé ne pénètrera jamais.

Quoi qu'il en soit nous n'avons pu saisir la portée des objections qui ont été formulées contre le fond même de ce drame qui nous apparaît plutôt comme un fait historique, que comme une légende.

Au reste nous pouvons citer l'opinion d'hommes très compétents. M. l'abbé Viguier, ancien vicaire de Sévérac, qui s'était occupé très activement de tout ce qui concernait le sanctuaire de Lorette et qui est mort curé de Brasc, disait que « cette tradition exprimait de tous points sa conviction personnelle, acquise sur les lieux même de l'événement et qui ne peut être que la vraie ».

Le vénérable chanoine Lunet, qui en 1856 fut envoyé officiellement à Sévérac par Mgr Delalle, informer sur la dévotion de Notre-Dame de Lorette, racontait lui-même la légende à peu près dans les mêmes termes, plaçant le drame vers Canabols, (d'autres disent dans un château du voisinage). Tous considéraient ce meurtre comme réel. M. Dijols, ancien curé de Sévérac, dès son arrivée dans la paroisse eut connaissance de la légende et y ajoutait foi. Nous pourrions citer bien d'autres noms tout aussi respectables mais nous pensons avoir suffisamment démontré la réalité de cette tradition.

Quelque illustre d'ailleurs et glorieuse qu'ait été la maison d'Arpajon, on ne peut dissimuler qu'elle n'ait eu aussi ses défaillances. Plusieurs des ancêtres de Louis d'Arpajon à commencer par Antoine d'Arpajon qui embrassa le calvinisme avant 1562, jusqu'à Jacquette de Clermont, mère du duc, sont loin d'avoir laissé de favorables souvenirs. Cette dernière poussa le fanatisme, dit encore une autre tradition, jusqu'à faire précipiter du haut du château en bas, sur le côté nord qui est à pic et élevé de plus de 60 mètres, plusieurs prêtres qui préférèrent subir cette mort affreuse plutôt que d'abjurer notre sainte religion. Il est d'usage que la procession des Rogations fasse une station en ce lieu.

Malgré toute l'admiration et l'estime qu'inspirent les qualités élevées et les hauts faits d'armes du duc Louis, il avait comme tout homme mortel les défauts de ses qualités et ceux-là étaient d'autant plus violents que celles-ci étaient brillantes. Il faut aussi tenir compte des mœurs de l'époque, du milieu où il avait vécu et peut-être aussi de son intransigeance de caractère dont on connaît d'autres faits saillants et que l'on retrouve même dans l'exhérédation de son fils unique et après la mort de celui-ci dans un testament où il exhérède non seulement les petits-enfants, mais les enfants de leurs enfants de génération en génération. Tandis qu'à tous les autres points de vue ce testament est un modèle de précision et de prévoyance ne laissant rien à l'imprévu. Disons aussi que s'il fut un grand coupable, il fut aussi un grand pénitent. Voilà pourquoi lors de ses funérailles solennelles un prédicateur de l'époque a pu louer en toute sincérité, ses éminentes qualités et ses innombrables bienfaits.

Le duc d'Arpajon a-t-il jamais reconnu son erreur et quoique trop tard rendu hommage à Gloriande ? Nous allons voir du moins comment il a su expier son crime peut-être par un pèlerinage en Italie et en tout cas par l'érection de la chapelle de Lorette.

Mais avant de voir son remords et son expiation, relatons pour être impartiale et afin de ne rien négliger une autre version insérée dans une note sur l'expédition de Malte ainsi conçue : « L'on présume que ce fut à l'époque de son expédition de Malte que le vicomte d'Arpajon pour se rendre le ciel favorable fit le vœu de faire construire une chapelle en l'honneur de Notre-Dame de Lorette sur le modèle de celle qui est en Italie, vœu qu'il mentionna dans plusieurs actes concernant cette chapelle et qu'il réalisa quelques années après. » Nous devons ajouter que les divers actes que nous avons en main, testament. lettres, etc , etc., parlent bien d'un vœu mais la teneur ni le but de ce vœu n'y sont nullement énoncés.

N'est-il pas permis de supposer aussi que indépendamment de but militaire et religieux qu'avait cette expédition de Malte, ce fut aussi le moment choisi par le duc pour faire son double pèlerinage à Rome et à Lorette puisque sitôt après son voyage de Pologne qui dura dix-huit mois et suivit son retour de Malte, il s'occupa aussitôt de faire construire Lorette dont il reçut le plan en 1651 ?

XIII

Remords du duc d'Arpajon après le meurtre de Gloriande. — Construction et dotation de la chapelle de Notre-Dame de Lorette pour leur apaisement.

Louis d'Arpajon, assez puissant pour échapper au glaive de la justice des hommes, ne l'était point assez pour se soustraire à un châtiment mille fois plus cruel, l'inexorable remords. Le doigt de Dieu se retrouve en toutes choses pour la punition des coupables.

Depuis lors, hanté comme en rêve, il la voyait à chaque instant comme un fantôme, la sanglante victime, le poursuivant de son geste accusateur et lui montrant les dalles glacées de l'appartement où elle expira, toujours rougies du sang que rien ne pouvait effacer à ses yeux, et qu'il était seul à voir (1).

Une autre tradition nous apprend que chaque nuit il voyait sur le monticule qui fait face au château (et où plus tard il bâtit Lorette) comme des torches funèbres dont la lugubre lumière venait éclairer son appartement.

Louis d'Arpajon, qui malgré sa détestable action

(1) Tradition du pays.

était croyant et dévot comme on l'était alors, voulut se réconcilier avec son Dieu et obtenir l'absolution de sa faute. Il inclina humblement son front sous l'excommunication et se soumit à une pénitence exemplaire. Une fois entré dans cette voie, rien ne lui coûta pour arriver à un complet apaisement.

Il crut même, et en cela il avait raison, que plus l'égarement avait été terrible plus devait être grande la manifestation de son repentir.

L'ère des croisades était fermée. Ne pouvant plus aller à Jérusalem, comme les chevaliers du moyen âge, pour y laver leurs fautes en y versant leur sang pour la délivrance du Saint-Sépulcre, c'est vers Rome et aux pieds du Souverain Pontife que de pieux conseillers l'engagèrent à aller faire ses aveux et recevoir une absolution générale. De la ville sainte, il devait entr'autre pénitence se rendre en pèlerinage à Notre-Dame de Lorette et faire construire, sur le monticule qui fait face au château, une chapelle sur le modèle de la Sainte Maison de Nazareth, comme une chapelle expiatoire qui lui rappelât sans cesse le forfait dont il s'était rendu coupable. Le duc n'attendit plus dès son retour en France que les plans et instructions détaillés, qu'il avait chargé un prêtre italien (1) de lui procurer. Il les reçut au mois de juin 1651.

Nous devons mentionner ici une note curieuse si ce n'est plus : « Il y avait autrefois au couvent de l'Arpajonie de Millau, fondée en 1297 par Hugues d'Arpajon, (l'un des ancêtres de Louis), et qui avait toujours été patronnée par cette famille, il y avait, dit-on, un tableau représentant une femme les quatre veines ouvertes. Ne serait-ce pas là une autre offrande expiatoire que se serait imposée le duc d'Arpajon ? N'était-ce pas dire qu'à côté de l'honneur que s'était acquis Hugues en fondant ce célèbre monastère, se plaçait le repentir d'un de ses descendants ; et l'humiliation de sa faute dans

(1) Bernardin Bauguil.

le lieu même où tant de souvenirs rappelaient les vertus et la piété de ses ancêtres.» (Note prise dans M. de Barrau.)

Certains esprits timorés pourront déduire que cette notice, qui a pour unique but la gloire de la Sainte Vierge et l'exaltation de son culte, ne devrait pas contenir une tradition en quelque sorte historique, mais pleine d'horreur et rappelant un crime. Nous leur répondrons simplement, que l'Eglise et par conséquent l'auguste Mère de Dieu, se sont toujours réjouis de la conversion des pécheurs. L'Evangile n'exalte-t-il pas Madeleine pénitente La vie des saints n'est-elle pas remplie de la pénitence le plus souvent publique, des plus grands pécheurs, saint Paul tout le premier.

C'est Marie n'en doutons pas qui inspira au duc Louis son repentir et sa pénitence, et quelle preuve de plus que l'érection de ce sanctuaire qui devint un lieu de prières et de pèlerinage si fréquenté, et qui après avoir subi comme tant d'autres les terribles épreuves dont toute la France a gémi et souffert, réapparaît de nouveau, relevé de ses ruines et redevient l'asile de la prière, de la consolation, de la plus tendre piété.

Mais n'anticipons pas, et suivons pas à pas les phases souvent magnifiques de son érection, de sa plus grande extension dans les siècles passés, de sa restauration et espérons-le de son avenir.

La chapelle de Lorette fut rapidement construite et le 1er novembre 1654 elle fut solennellement bénie (le Journal de Claude de Villaret emploie le mot consacré) par M. Pelevin, chanoine de la cathédrale de Rodez, délégué par M. de Patris, vicaire général, administrant le diocèse pour Mgr Hardouin de Péréfixe qui lui en avait confié le commandement (1), en présence du duc Louis et de beaucoup de gentilshommes.

(1) Journal de Claude de Villaret. — Bosc. Lettres autographes du duc d'Arpajon.

A dater de ce moment, le duc Louis ne cessa de protéger et d'entretenir la chapelle, la dotant de plusieurs chapellenies avec les revenus et rentes pour l'entretien des chapelains.

Dès 1655, le duc adresse à un M. Sabathier la lettre suivante : « Monsieur Sabatié, je suis extrê- » mement obligé au révérend père Lenurin, et à » tous ceux qui contribueront au service de Dieu, » en la chapelle de Lorette. Monsieur de Rodez y » contribuera de tout son pouvoir et enverra par » le prochain ordinaire tout ce que le révérend » père Lenurin a désiré de luy, ce qui sera assez à » temps pour servir à la fête de la Pentecôte. Mon- » sieur de Rodez donne de même permission de » confesser à M. Lévesque que je vous prie d'em- » ployer et parce qu'alors vous aurez divers prê- » tres étrangers à recevoir, j'enjoins au sieur » viguier de Sévérac, de loger le père Lenurin » dans le château, s'il l'a ainsi agréable ; et si ma » mère se peut passer de M. Delmont, il ira à » Sévérac au temps de la Pentecôte. Je vous re- » commande d'avoir toujours soin de cette dévo- » tion et vous vous pourrez assurer que vous aurez » la consolation de la voir bien augmenter dans » quelque temps. Priez-y Dieu pour moi et je » serai toujours votre affectionné amy. — Signé : » Darpajon. »

Nous avons voulu citer cette lettre en entier ; elle prouve que quelques mois à peine après son érection, il y avait déjà un grand concours de prêtres et de fidèles de Lorette pour y célébrer les fêtes de la Pentecôte, avec la haute approbation de Mgr l'évêque de Rodez ; elle prouve aussi la piété et la dévotion envers Marie qui animait l'âme du duc.

Le 9 novembre 1657, Marie de Simiane, seconde femme du duc d'Arpajon, lègue par testament olographe, fait à Pézenas, une somme de douze mille livres, pour être placée par son époux en fonds ou rentes assurées, et le revenu être payé annuellement à perpétuité à deux prêtres, qui seront obligés de dire et célébrer chaque jour en l'église ou chapelle de Notre-Dame de Lorette, après son décès, deux messes basses, l'une pour le repos de l'âme du défunt François-Antoine de Simiane son frère, et l'autre pour le repos de son âme et celle de ses parents ; elle donne son habit de brocard d'argent pour en faire un devant d'autel.

Elle voulut aussi que son cœur fut déposé à Notre-Dame de Lorette, pour qu'après le décès de son mari, les deux cœurs fussent réunis. Marie Elisabeth de Simiane étant décédée le 9 novembre à 9 heures du soir ; le dépôt de son cœur eut lieu ainsi qu'elle l'avait prescrit le 20 du même mois et son corps fut transporté à Notre-Dame de Ceignac le 23 pour y être enseveli.

Le 25 mars 1658, acte reçu Miqualet notaire, le duc d'Arpajon exprime le vœu et l'intention de faire construire une chapelle, la dédier à saint Joseph et saint Louis et la joindre à celle de Notre-Dame de Lorette.

Le 1er juillet 1662, le duc d'Arpajon voulant remplir les intentions de la dame Marie de Simiane, sa très chère épouse, donne par acte reçu, Costes notaire, son domaine de Cormane, pour le revenu en provenant servir à l'entretien de deux chapelains desservant la chapelle de Lorette. Nous avons vu par la lettre autographe citée plus haut et par plusieurs autres écrites par M. Gandobert, aumônier particulier du duc, lettres que nous avons aussi en main, que bien antérieurement à 1662, il existait déjà deux prêtres à Lorette.

« Le 28 mars 1666, le duc d'Arpajon étant à Paris logé en son hôtel de la rue d'Orléans, paroisse de St-Jean en Grève, exposa à messire Louis Abelly, évêque de Rodez, se trouvant aussi à Paris, logé rue Quinquampois, près l'église St-Josse et dans son hôtel, en présence de Raveneau et Vallon, notaires au Châtelet, qui en retinrent acte ; que depuis longtemps il avait fondé la chapelle de Notre-Dame de Lorette, qu'il avait dotée par conformité du testament de Marie de Simiane de Moncha, sa très chère épouse, que depuis lors pour mettre à exécution le vœu qu'il avait fait et émis devant Miqualet notaire, le 25 mars 1656, il avait fait construire et joignant la chapelle de Lorette une autre chapelle dédiée à saint Louis et saint Joseph, au-dessous desquelles il a pareillement fait construire une autre chapelle sous le nom et représentation du Saint-Sépulcre de Notre-Seigneur Jésus-Christ ; et auxquelles il voulait attacher douze chapelains, y compris les deux qui s'y trouvent déjà, auxquels il voulait assurer pour leur entretien, au moyen de bienfaits ou rentes qu'il leur donnerait un revenu de douze mille francs, y compris les six cents francs provenant du legs de Marie de Simiane ; qu'il avait également déjà fait construire le logement convenable pour loger les chapelains ; auquel exposé, ledit messire évêque répondit qu'étant bien informé par la visite qu'il en avait faite en personne, de ladite chapelle de Lorette, qu'elle est bien bâtie et ornée, en état que le service divin puisse y être fait, que bons logements et commodités nécessaires pour les ecclésiastiques qui y seront employés sont suffisants et en bon état, mais qu'ayant considéré que la rente de deux mille francs n'était pas suffisante pour l'entretien de douze chapelains, il réduit le nombre à dix prêtres et deux clercs. » Mais il paraîtrait que le nombre ne fut jamais que de six et deux clercs (1).

Le même acte portait les statuts et règlements que les chapelains devaient suivre et dont la sagesse ne laissait rien à désirer. Ils avaient été acceptés par le duc d'Arpajon, et dictés aux notaires par le pieux et savant évêque Abelly. En outre sur les huit chapelains, quatre désignés par le supérieur étaient obligés d'entendre, aux jours de fête et autres, les confessions des pèlerins. Le supérieur était tenu d'en choisir deux chaque année, pour pendant trois mois, vaquer aux missions, instruire

(1) D'après copie d'acte authentique.

et catéchiser les peuples dans toute l'étendue du marquisat de Sévérac, la baronnie de Calmont, de Brousse, de Belcayre. de Durenque et d'Espeyrac, de St-Chély et de Castelnau, et autres endroits du diocèse, où ils seraient jugés nécessaires par le seigneur évêque et ses successeurs, le tout gratuitement et par pure charité.

Le siège de Rodez ayant été vacant, le duc d'Arpajon présenta requête à la date du 4 décembre 1668, à messire Gabriel de Voyer de Paulmy, évêque de Rodez, pour qu'il voulut bien autoriser les contrats et nommer tels experts qu'il lui plaira pour procéder à l'estimation des biens désignés. L'évêque, par son ordonnance donnée à Rodez le 13 avril 1669, commit M. Thomas Regnault, son vicaire général, et deux notaires. Le duc d'Arpajon par acte fit le délaissement des biens et entr'autres une rente annuelle sur une métairie dite de la Roubière, paroisse de St-Amans de-Novis.

Le 9 mai 1669 le susdit évêque de Paulmy rendit à Rodez une ordonnance d'approbation de la fondation de la chapelle de Lorette, à laquelle il unit encore les revenus du simple prieuré St-Maurice d'Anglars et ceux du prieuré cure de St-Amans de Novis. (Il nous serait facile de citer un bon nombre d'autres dotations ou rentes dont le duc d'Arpajon dota Lorette et d'en faire l'énoncé, mais ce serait sans intérêt pour le lecteur et prolongerait trop notre récit.)

Les chapelains, étaient aussi tenus de faire un service solennel et annuel savoir le 20 mai, jour du décès de Jean d'Arpajon père du fondateur, le 8 avril, jour du décès de Gloriande de Thémines, première épouse du fondateur ; le 9 novembre, jour du décès de Marie de Simiane sa seconde femme ; le 19 février, jour du décès de Jacquette de Clermont, mère dudit seigneur ; le même service annuel le jour du décès arrivant des dames de Beuvron d'Harcourt troisième femme, de la dame abbesse de Villemur et de demoiselle Catherine d'Arpajon, filles du fondateur.

Ladite ordonnance portait, que le jour du décès du fondateur, il se ferait annuellement un service solennel pour le repos de son âme, lequel se continuerait huit jours de suite, et que le jour où son cœur serait mis au-dessous du degré de Lorette, suivant sa dernière disposition, avec celui de Marie de Simiane sa très chère femme, il serait fait un autre service solennel. Les chapelains devaient chanter chaque jour quatre Messes hautes dans la chapelle de la Sainte Vierge et l'office canonial aux grandes fêtes, le tout en *chant grégorien*.

Tout ce qui précède, contenu dans le chapitre II est extrait des notes : « Sur l'ancienneté des chapelles et églises de Sévérac, remises à Mgr Giraud, » par feu M. Monestier cité plusieurs fois précédemment, et prises d'après les documents authentiques et pièces à l'appui qu'il avait entre les mains.

Au mois d'avril 1671 lettres patentes du roi portant confirmation de la fondation de Lorette ; elles débutent ainsi :

« Louis, par la grâce de Dieu roi de France et de Navarre, à tous présents et à venir, salut.

» Notre très cher et bien-aimé cousin Louis duc d'Arpajon, pair de France, chevalier de nos ordres, lieutenant général de nos armées, marquis de Sévérac, vicomte d'Hauterives, de St-Chély et de Moncla baron de Salvagnac, et de Brousse et autres places et seigneuries ; nous a fait représenter, qu'en action de grâces des biens temporels qu'il a reçu de Dieu, et de l'assistance particulière qu'il a plu à la glorieuse Vierge Marie de lui donner en toute occurence, il a depuis quelques années fait bâtir et construire en son honneur, tout proche et à la vue de son château de Sévérac, au diocèse de Rodez, une chapelle sur le modèle de celle de Lorette, une autre chapelle dédiée à S. Louis et S. Joseph, au-dessous de laquelle il en a fait bâtir une troisième sous le nom et la représentation du Saint Sépulcre de Notre-Seigneur Jésus-Christ, avec tous les ornements et parements convenables et dans l'enceinte tous les logements et commodités nécessaires pour les ecclésiastiques qui y seront employés au service divin. Et comme il a plu à Dieu de bénir son ouvrage en telle sorte qu'il s'y pratique de grandes œuvres de piété, et que tous les peuples des environs y viennent en grand concours, il a toujours désiré de le parachever, par une fondation établie et permanente au moyen de laquelle Dieu y fut glorifié à perpétuité.

» En quoi il aurait été prévenu et encore plus fortement invité par défunte dame Marie de Simiane de Moncha son épouse, laquelle par un testament, etc., etc, (suit ce que nous avons déjà vu) ; et termine :

» Nous avons loué, approuvé et confirmé, louons, approuvons et confirmons par ses présentes signées de notre main lesdits extraits de fondation et dotations des dites chapellenies.

» Donné à Saint-Germain, au mois d'avril, mil six cent soixante et onze et de notre règne le vingt-huitième. Signé : LOUIS. — Le secrétaire du roi greffier, signé : BOUCHET. — Par le roi, signé : PHÉLIPPEAU.

» Les présentes enregistrées ès registres des ordonnances Royaux du parlement de Toloza suivant l'arrêt. Signé : DELACROIX. Collationné : COSTES. »

Devant l'autel de la représentation du Saint-Sépulcre, l'un des chapelains devait dire une messe basse tous les vendredis de l'année. Les lettres patentes du roi ne sont pas le seul document qui mentionne la chapelle du Saint-Sépulcre qui a existé de nos jours (1). L'acte qui fut conclu entre le duc et l'évêque Abelly la mentionne et rappelle le vœu fait le 25 avril 1658 et confirmé par acte passé par Miqualet, notaire à Sévérac. D'après l'avis de personnes anciennes et l'indication des locaux, cette représentation du Saint-Sépulcre devait être placée dans les deux grottes taillées dans le roc qui se trouvent au bout de la crypte et sous la sacristie.

(1) Notes de Monestier.

Qu'on nous pardonne l'aridité des actes cités au long, il nous a paru utile de les mettre sous les yeux du lecteur, au lieu d'en faire un simple récit, sans preuves à l'appui. Nous retrouvons là d'ailleurs la grande dévotion du roi Louis XIV envers Notre-Dame de Lorette, on voit qu'il est heureux de ratifier ces fondations.

Les nombreuses missions données par les chapelains dans toutes les terres du seigneur de Sévérac, et dans tout le diocèse firent bientôt connaitre Notre-Dame de Lorette et réveillèrent dans toute la contrée la dévotion à la Sainte Vierge. La pompe des cérémonies, la richesse des ornements, le grand nombre des messes, la facilité de recevoir les sacrements, les prédications incessantes attirèrent dans peu un grand concours de fidèles à Lorette. On venait de tous côtés pour entendre la parole de Dieu et visiter un sanctuaire qui était la reproduction fidèle de la maison que la Sainte-Famille avait habitée à Nazareth. On venait surtout y vénérer les nombreuses et insignes reliques de la Sainte-Famille, que possédait la chapelle, et que le duc devait avoir obtenues de la libéralité du souverain pontife et du gouverneur de la Santa Casa. Mais ce qui attirait beaucoup les pèlerins, ce sont les faveurs incessantes que Marie accordait aux âmes pieuses qui allaient la vénérer dans ce sanctuaire naissant. Les murailles se couvraient d'ex-votos offert par la reconnaissance de ceux qui avaient été guéris par l'intercession de la Sainte Vierge.

Les paroisses y arrivaient en procession, entre autres : Lapanouse, Saint-Dalmazy, Novis, Auberoques, Altès, Saint-Grégoire, Lavernhe, Saint-Chély, Cornuéjouls, Saint-Privat, etc., etc. ; plusieurs autres du Gévaudan, telles que Inos, le Roucous, Saint Georges-de-Lévéjac, Latieule, etc., etc.

Combien devait être beau ce spectacle, surtout aux principales fêtes de la Vierge, lorsque de longues files de processions accouraient de tout le voisinage pour rendre honneur à la Reine des

Cieux, et proclamer bienheureuse la Vierge Bénie entre toutes ! « *Beatam me dicent...* »

Lorsque le duc avec toute sa maison descendait du château, escorté d'une foule de gentilshommes. et de nobles dames, entouré de toute la pompe et de tout le faste dont il savait si bien s'environner,

Lorsque la religieuse population de Sévérac, croix et bannières en tête, accompagnée du clergé paroissial de Saint-Chély, des religieux bénédictins de Saint-Sauveur, de tous les chapelains de St-Jean-du-Château, s'avançaient en chantant les Litanies de Lorette entremêlées de cantiques sacrés.

Lorsque les prêtres de Lorette, précédés de leurs clercs, accouraient au devant des processions pour leur donner l'accolade fraternelle et les introduire dans le sanctuaire.

Lorsque les cloches des quatre églises mêlaient leurs sons aux fanfares des hommes d'armes, et faisaient retentir la vallée de leurs joyeux carillons.

Lorsque, enfin, les salves d'artillerie du vieux donjon, tirées en l'honneur de Marie, répercutées à l'infini par les échos des montagnes environnantes, venaient couvrir de leur puissante voix, de cinq minutes en cinq minutes, toute cette harmonie et ces chants et proclamer à leur manière la gloire et la grandeur de l'humble Vierge de Nazareth.

Ce spectacle devait vivement impressionner la foule des fidèles accourus de toutes parts. Une journée passée à Lorette dans la ferveur des exercices de piété, au milieu de la pompe du culte, au milieu de cette affluence de pèlerins rivalisant de zèle pour fêter leur Mère commune, devait leur sembler bien courte. Ils devaient voir venir avec tristesse l'heure du départ et si quelque chose pouvait les consoler, c'était l'espoir de pouvoir revenir bientôt participer au même bonheur, à la même allégresse.

Tout cela explique la rapide célébrité de la Chapelle de Lorette et pourquoi elle était visitée par un si grand nombre de pèlerins.

Le duc put jouir pendant 25 ans de tout le bien que produisait ses pieuses fondations ; il eut la satisfaction de voir ses nombreux vassaux correspondre à ses vœux, profiter de la parole de Dieu, et se renouveler dans la piété envers Marie.

Par son testament, le duc d'Arpajon réitéra tout ce qu'il avait fait et donné aux Chapelles de Lorette, précisant même que les messes qu'on devait y célébrer annuellement, devaient être CHANTÉES EN CHANT GRÉGORIEN.

Il mourut en son château de Sévérac le 27 avril 1679 à l'âge de 90 ans ; son corps fut enseveli le 8 mai suivant, dans l'église de Notre-Dame de Ceignac, où était le tombeau de sa famille, et où son oraison funèbre fut prononcée par M. de Mélac, prêtre recteur de Saint-Dalmazy-lez-Sévérac. Ses entrailles furent inhumées à l'entrée du chœur de l'église Saint-Sauveur de Sévérac, qui était celle de l'abbaye des bénédictins, église paroissiale d'aujourd'hui. La place en était marquée par une grande pierre plate, qui, avant la première réparation faite au pavé de cette église, s'élevait de trois à quatre centimètres, mais elle fut alors descendue au niveau de l'autre pavé. Et le 15 du même mois, le cœur du duc fut déposé avec celui de Marie-Elisabeth de Simiane, sa seconde femme. sous le seuil de la porte méridionale de la chapelle de Notre-Dame de Lorette près Sévérac. L'on avait taillé la pierre en dessous, et sans que cela parut au-dehors pour y placer la boîte contenant les deux cœurs, et sur le devant de la pierre était gravée cette inscription : « *Duo continet unus* ». Lorette était son lieu de prédilection, et en ordonnant que son cœur fut foulé aux pieds des pèlerins, Louis d'Arpajon espérait par là se recommander à leurs prières, fléchir la justice de Dieu par cet acte d'humilité, et laisser un témoignage de plus de son ardente piété envers Marie.

En choisissant ce lieu de repos, il était loin de penser que dans une centaine d'années, on viendait lui en ravir la possession ; que les sanctuaires qu'il avait élevés avec tant de soin, et si généreusement dotés, seraient profanés et dévastés, que leurs chapelains seraient chassés et persécutés ; et qu'il ne se trouverait pas un seul homme d'armes dans son château pour venger un tel attentat ; que la Madone aux pieds de laquelle il était venu prier tant de fois, serait aussi obligée de quitter son sanctuaire, et d'aller chercher un refuge dans quelque chaumière inconnue, comme autrefois la Sainte-Famille alla se réfugier en Egypte pour fuir la persécution du cruel Hérode.

Mais comment prévoir de tels malheurs, alors que la France était à l'apogée de sa gloire.

Alors que fondé sur de telles bases, ce saint lieu de Lorette était devenu si grandement célèbre ; que les peuples de plusieurs lieux à la ronde, s'empressaient de rendre un culte religieux à cet auguste sanctuaire, consacré en l'honneur et à la gloire de Marie, et que leur piété était considérablement accrue par les fréquentes missions des chapelains, qui leur inspirait la plus fervente dévotion envers la sainte Mère de Dieu.

Aussi Dieu ne se lassait pas de manifester sa puissance en exauçant les prières faites dans la Sainte-Chapelle. Ceux qui venaient y prier la Sainte Vierge avec amour et confiance ne tardaient pas à éprouver les heureux effets de sa protection. Les affligés y trouvaient la consolation, les infirmes le soulagement et la force, les malades presque désespérés, la guérison subite de leurs maux, dès qu'eux-mêmes ou leurs parents ou amis, avaient imploré le secours de Notre-Dame de Lorette.

Nous ne pouvons résister au désir de placer ici un fait bien touchant de cette protection de Marie.

Une pieuse chrétienne de Sévérac appartenant à la classe ouvrière, voyait avec chagrin un de ses enfants ayant déjà dépassé de plusieurs années l'époque où l'enfant marche tout seul, voyait, dis-je, son fils atteint d'une telle faiblesse aux jambes que non seulement il n'avait jamais marché mais ne pouvait même se tenir debout. Désolée, elle s'adresse avec confiance à Notre-Dame de Lorette, y porte son enfant et fait dire une messe. Pendant la célébration du Saint-Sacrifice l'enfant qu'elle tenait comme d'habitude entre ses bras s'agitait vivement sans qu'elle y prit garde et à force de remuer, il fit tomber de la poche du tablier de sa mère le peloton du tricot qui ne la quittait guère, obligée qu'elle était de travailler pour gagner sa vie. Le peloton va se déroulant dans la chapelle ; l'enfant à cette vue fait de si violents efforts pour quitter les bras de la mère, que celle-ci le pose par terre, et aussitôt le petit bonhomme de courir très ferme sur ses jambes pour aller chercher le fil roulé qu'il rapporte triomphant à sa mère. La brave femme, très grandement émotionnée, voulait bien calmer l'enfant et le saisir afin qu'il ne fasse pas de bruit, mais ce dernier ne se possédant pas de joie, ne se lassait pas de courir. Le pieux célébrant ayant entendu un peu de mouvement se doutait bien de ce qui venait d'arriver et lorsqu'il se retourne pour donner la sainte communion, il vit la mère prosternée pleine de reconnaissance et l'enfant qui trottait de plus belle ; ému jusqu'aux larmes il put à peine terminer le Saint-Sacrifice.

Ce fait nous a été à maintes reprises raconté par les personnes les plus dignes de foi qui avaient connu la pieuse mère si pleinement exaucée. Ajoutons qu'elle mourut presque en odeur de sainteté et Dieu lui envoya dans sa vieillesse une cruelle épreuve : elle devint aveugle et passait toute sa journée à l'église à méditer et à prier sans que jamais une plainte s'échappât de ses lèvres.

Combien de faits semblables dont les ex-votos seuls ont raconté l'histoire. Ainsi longtemps après la mort du duc, le pèlerinage ne faisant que croître, les bienfaits et les grâces ne cessaient de se multiplier dans la sainte chapelle.

Toutes les corporations voulaient prendre Notre-Dame de Lorette pour patronne et protectrice. Pour n'en citer qu'un exemple, nous lisons dans les statuts des médecins et apothicaires du marquisat de Sévérac, dont le docteur J.-A. Molinié a donné récemment communication à la Société des lettres de Rodez (1). A l'article II :

« Les médecins et apothicaires ainsi unis en corps de communauté, afin qu'ils puissent réussir dans l'exercice de leur art, à l'honneur de Dieu et de la glorieuse Vierge Marie dévouent toutes leurs entreprises aux bienheureux médecins saint Côme et Damien, qu'ils élisent pour leurs patrons et protecteurs, promettant chaque année le 27e septembre, jour de leur fête, s'assembler dans la chapelle de Lorette et y faire chanter une grand'messe le plus solennellement qu'il se pourra aux frais de la communauté. »

Les statuts se terminent ainsi : « Ce sont les statuts que nous, soussignés, convenons et accordons et que nous promettons garder et observer en tous les chefs, à peine de tous dépends, dommages et intérêts, et l'avons juré, et procédant à l'exécution d'iceux, après avoir porté nos vœux aux glorieux saint Côme et saint Damien, avons élu la présente année, etc.

« Les présents statuts faits et traités dans la maison dudit Lorette, le vingt-septième septembre, jour de saint Côme et saint Damien de l'an mil six cent quatre-vingt quatorze. » (Suivent les signatures.)

Ainsi à quel point de vue que se place le lecteur, soit qu'il considère ce vénéré sanctuaire comme un ex-voto de reconnaissance et d'amour envers Marie, soit comme un monument exemplaire de la plus sincère pénitence, il n'en reste pas moins à travers les âges l'œuvre de piété par excellence, le lieu fondé, afin que le St-Sacrifice de la messe y soit célébré plusieurs fois le jour ; l'asile de la prière fervente qui monte incessamment vers le ciel, et où à son tour la bonne Vierge Marie se plaît à répandre les plus précieuses faveurs de sa miséricorde et de son amour envers les hommes.

---

(1) Le Docteur J.-A. Molinié est l'arrière petit-fils de M. Monestier, lequel nous a transmis de nombreux tableaux et documents.

C'est au milieu de cette prospérité toujours croissante qu'éclata la révolution de 1793.

La chapelle fut pillée. On descendit sur la place publique trois chars d'ex-votos pour les brûler. Les descendants des témoins oculaires eux-mêmes nous ont rapporté ces faits. La statue qui était dans la chapelle fut descendue de sa niche et l'on renouvella autour d'elie la danse de la carmagnole ; elle aurait été même, dit-on, l'objet d'insultes de la part de certaines personnes qui l'auraient frappée, mais aussitôt elles furent atteintes d'une terrible punition dont elles durent subir la peine toute leur vie. C'est ce qui désorganisa cette horrible bande. Dans le désordre de la fuite ces tristes gens abandonnèrent la Vierge sur le plateau et une pieuse fille du hameau de Cayrac, Marie Verlac témoin indigné de cet odieux spectacle, s'empressa de cacher la statue dans une haie pour venir la chercher plus commodément pendant la nuit et la dissimuler dans une grange.

A dater de ce moment et tout le temps que dura cette funeste période, on dit que chaque soir cette bonne femme ne manquait jamais d'ajouter à la prière récitée en commun « *un pater per oquelo qu'es ol polio* (1) ». Ainsi s'exprime t-elle dans son idiome patois (un pater pour celle qui est à la grange). Admirons cette pieuse naïveté, qui est loin d'être un contre sens. En priant pour la sainte statue, elle sous-entendait prier pour que sa douce prisonnière fut bientôt rétablie sur un trône d'honneur et de gloire, et tandis qu'elle faisait cette prière ceux qui la répondait se demandait qu'elle pouvait bien être la mystérieuse personne ainsi désignée. Mais à toutes les questions la bonne fille répondait par un simple hochement de tête et l'on avait fini par s'habituer à ce que l'on considérait déjà comme une manie inexplicable. Ce ne fut qu'à la réouverture des églises et lorsque la statue fut transportée à

(1) Ce récit nous a été encore dernièrement rapporté par les frères Maury, d'une ancienne famille de Cayrac.

l'église Saint-Sauveur de Sévérac que l'on apprit le but du *Pater* récité en commun. Ceci repose uniquement sur une version accréditée dans le pays ; mais nous n'avons trouvé aucune note désignant cette statue comme étant celle qui était anciennement à Lorette, ni faisant mention de cette tradition.

Les chapelains furent obligés de s'enfuir, ou furent atteints par la tourmente révolutionnaire. Leur maison fut saccagée et tout ce qu'ils possédaient fut alors vendu. L'un d'eux, Pierre Vaquier de Labaume, se retira à Arbis, et en 1804 fut autorisé à remplir dans l'église de Lenne sa paroisse les fonctions curiales. Le dernier sous-directeur M. Pourquery du Bourg, tomba non loin de Lorette sous les coups d'une bande dite « *des meillous* » on le releva mourant, et il fut enseveli, dit-on, auprès du clocher de Lorette. Un chapelain put néanmoins sauver les reliques qu'il emporta dans sa famille, d'où elles passèrent dans une église paroissiale où elles sont encore. On conçoit qu'il doit en coûter à cette église de ce séparer de ce trésor, mais la piété si connue et si éclairée du pasteur ainsi que sa grande dévotion à Marie, lui fera certainement prendre toutes les mesures afin que ces précieuses reliques soient rendues au sanctuaire auquel elles appartiennent.

Deux individus étrangers à Sévérac, où ils étaient venus momentanément s'établir, profitèrent de l'effervescence révolutionnaire pour briser la pierre qui contenait les cœurs du duc et de la duchesse d'Arpajon, dans l'espoir sans doute d'y trouver un trésor... qui se réduisit à une boîte en plomb, contenant un peu de poussière, reste des deux cœurs... Le vandalisme porta ces étrangers à briser en même temps une autre pierre placée au dessus de cette même porte et sur laquelle était gravée une inscription latine, énonçant les motifs du duc d'Arpajon pour cette fondation et sa date. Mes recherches ont été vaines pour retrouver cette inscription en quelque autre part. Lorsque le calme fut rétabli, les auteurs de cette violation, après d'autres faits à peu près semblables, furent obligés de quitter le théâtre de leurs méfaits couverts du mépris général (notes Monestier).

La chapelle resta fermée non-seulement pendant la Révolution mais encore longtemps après. Cela n'empêchait pas les âmes pieuses d'aller prier à la porte de la Santa Casa, nous l'avons vu maintes fois de nos yeux. On cite entr'autres la femme S. des C. qui n'a jamais manqué d'y aller réciter son chapelet tous les dimanches au soir, voulant ainsi témoigner sa reconnaissance et sa piété envers la Sainte Vierge; car elle n'avait pas oublié qu'autrefois Notre-Dame de Lorette avait guéri son jeune enfant: A. S. était âgé de cinq ans et ne marchait pas encore, sa pieuse mère le porte à Lorette, fait dire une messe à son intention et à l'instant même, il est guéri. A. S. est mort en 1856.

Il existait encore lors de la restauration récente de cette chapelle, des traces sur les murailles de suspensions de béquilles, d'emblèmes de cire ou autrement que les personnes qui autrefois avaient obtenu leur guérison avaient soin d'y déposer en signe de reconnaissance.

Le vent des révolutions a bouleversé le manoir féodal de Sévérac, et les plus nobles races sont éteintes. Rien de ce qui était alors puissant et respecté n'est demeuré debout. Ne nous en étonnons pas. Les grandeurs de la terre, dit le Sage, ne sont que néant et vanité. La volonté de Dieu permet qu'elles soient respectées et honorées à leur heure ; un souffle de sa volonté les anéantit en un jour et l'inconstance des peuples les oublie bientôt. Tous les aïeux du duc d'Arpajon sont depuis de longs siècles couchés dans la tombe et nul ne songe aujourd'hui à en évoquer le souvenir.

Il n'en est pas de même des choses de Dieu. Seul, de cette famille historique, un nom a triomphé de l'action dissolvante du temps ; parce qu'il se trouve associé à celui de Notre-Dame de Lorette, providentiellement relevée de ses ruines. L'œuvre pieuse fondée par le duc restera à jamais comme un ex-voto de son repentir, de sa pénitence et aussi de sa piété, les louanges et les prières qu'il a par là même procurées à la Vierge Marie, ainsi que la généreuse dame de Simiane, retomberont en bénédiction sur leurs âmes et sur celle de l'infortunée Gloriande.

Ainsi le veut notre religion sainte dont les bienfaits ne s'arrêtent pas à la mort, mais forme aux nations comme aux familles le plus noble patrimoine et ne perd jamais de vue ses bienfaiteurs. Grands ou petits, ils ont tous également droit à ses faveurs spirituelles et à ses suffrages, s'ils s'en sont rendus dignes par leurs œuvres.

Voilà 250 ans que cette chapelle bénie a été fondée ; pendant 140 ans, elle vit venir dans son enceinte un concours prodigieux de pèlerins et se répandre au loin le récit des grâces sans nombre, que Marie, heureuse de recevoir ses dévòts serviteurs dans sa demeure, leur prodiguait sans cesse.

L'œuvre du mal, à qui Dieu permet quelquefois de se montrer, l'atteignit en pleine prospérité et la retint fermée sous son horrible étreinte pendant 60 ans. Mais Dieu permit qu'une main pieuse en rouvrit les portes au culte public. Voilà juste 50 ans et ausitôt les foules heureuses de retrouver leur antique chapelle se pressent dans les murs bénis de la Sainte-Maison.

Et nous, resterons-nous insensibles à un anniversaire doublement solennel ? Rivalisons de zèle avec les siècles passés pour orner la demeure de Marie et lui porter l'expression de notre reconnaissance et de notre fidélité. Complétons l'œuvre de restauration si bien commencée par nos devanciers et notre nom restera béni comme le leur.

XIV

Restauration de la chapelle de Notre-Dame de Lorette. — Sa réouverture au culte public ; donation nouvelle.

Nous arrivons à une page de l'histoire contemporaine : la restauration de la chapelle de Lorette par Mme veuve Blanc, née Durand. Nous avons vu comment les églises et chapelles de Lorette avaient été pillées et dévastées, ainsi que les autres dépendances, en sorte qu'il ne restait plus que les bâtiments qui, depuis cette époque, servaient de grange et d'écurie.

Nous ne pouvons préciser à quelle époque elle devint la propriété de la famille Durand, connue très honorablement dans le pays, mais nous savons que le chef de cette famille, membre du district de Sévérac, avait la ferme intention de rendre cette chapelle au culte public. Pour différents motifs, il ne put avant sa mort réaliser cette louable intention.

Il légua donc moralement ce soin à ses enfants et ce fut une de ses filles, Constance, déjà veuve de M. Blanc et de nouveau très douloureusement éprouvée par la perte de sa fille unique et bien-aimée, qui eut l'insigne honneur d'accomplir, en partie du moins, les dernières volontés de son père. Elle avait du reste elle-même, à maintes reprises, exprimé le désir que si, dans le partage de famille, le sort la favorisait, en faisant tomber dans son lot la propriété de Lorette, elle la restaurerait et la rendrait au culte, pour accomplir, disait-elle, le vœu ardent souvent exprimé par son père. Elle voulait d'autre part, autant que cela dépendait d'elle, glorifier Dieu et sa très sainte Mère, dont elle désirait s'attirer ainsi que pour toute sa famille, la toute-puissante protection, pendant sa vie, surtout, pour l'heure de sa mort. Elle voulait en outre, répondre aux souhaits très louables de la religieuse population de Sévérac et de tous les environs qui soupiraient après le rétablissement de cette ancienne dévotion, très honorée de leurs pères.

Dieu avait certainement ses desseins, lorsqu'il lui avait enlevé ce qu'elle avait de plus cher au monde. Son précieux désir fut exaucé ; elle hérita de Lorette vers 1850, croyons-noûs, et aussitôt elle se mit à l'œuvre et y consacra les dernières années de sa vie.

Elle fut puissamment aidée dans cette noble tâche par feu M. l'abbé Viguier, alors vicaire à Sévérac. Bientôt des ouvriers habilement dirigés eurent remis en bon état les bâtiments de la chapelle ; plusieurs personnes dévouées à Marie concoururent aussi à cette œuvre. Nommons Mlle Rose Salze qui donna la cloche dont elle fut marraine, le 18 septembre 1854. La même contribua aussi par ses dons, ainsi que plusieurs autres personnes, à acquérir les vases sacrés, le calice et le ciboire exclusivement destinés à Lorette. Le linge, les ornements furent tour à tour préparés avec l'aide de dames et demoiselles, désireuses de concourir à cette bonne œuvre. Entr'autres : Mlle Julie Durand, Mme Trémolet, Mlle Cornélie Trémolet, Mme Armand Cabiron, Mlle Clémence Cabiron, Mme Vve Vaquier, Mlle Hortense Layral, etc., etc. Il ne manquait plus que la statue de la Vierge et il eut été naturel que la Vierge noire qui se trouve dans la deuxième chapelle à droite, dans l'église Saint-Sauveur de Sévérac, sous le vocable aussi de Notre-Dame de Lorette et que l'on dit être celle qui fut sauvée pendant la Révolution, reprit sa place dans son ancienne demeure. Mais le désir manifesté de Mme Blanc et de tous les dévots à Lorette ne fut pas écouté.

Mme Blanc s'adressa alors à Rome et fit venir une statue semblable à celle de la Santa Casa, elle ne diffère de celle-ci que par la matière, celle d'Italie étant en bois de cèdre et celle venue de Rome est en marbre.

Le buste de la Vierge et de l'Enfant Jésus sont en marbre noir, tous deux ont les cheveux divisés sur le front à la Nazaréenne et retombant sur le cou et les épaules; leur physionomie respire la douceur et la bonté. La Vierge tient l'Enfant Jésus sur son bras gauche, il a les bras et la poitrine découverts ; les deux premiers doigts de la main droite sont levés pour bénir ; la main gauche tient un globe surmonté d'une croix argentée, symbole tout à la fois de son pouvoir souverain et de sa mission de rédempteur du monde.

Toute l'autre partie de la statue est en marbre blanc si finement sculptée qu'on dirait une très belle et très riche broderie courant sur du velours blanc tant la finesse du marbre est grande. Ce marbre non poli ressemble à une belle étoffe mate brodée avec l'art le plus délicat.

Ce revêtement représente, dit-on, la robe offerte à Notre-Dame de Lorette par le roi Louis XIII. Vers le milieu se trouve le monogramme de la Vierge (A M. enlacés) surmonté d'une couronne royale, le tout rehaussé d'or. Un peu au-dessus est une croix très gracieuse pommelée d'or et garnie de pierreries. Au-dessous de l'*Ave Maria* se trouve incrusté dans le marbre un reliquaire en argent en forme de losange contenant une relique extrêmement précieuse : une parcelle des pierres de la Sainte Maison : « *E parietibus almœ domùs Lauretanœ* ».

Si l'on considère la difficulté très grande d'obtenir la moindre parcelle de ces murailles bénies ; (on a vu au début de cette histoire avec quel soin jaloux Dieu défend généralement qu'on y touche) ; nous devons nous estimer heureux que le Vicaire de Jésus-Christ ait doté notre bien-aimé sanctuaire d'un pareil trésor.

Un authentique scellé du sceau de Rome est contenu dans le reliquaire d'argent.

Sur les côtés de la robe sont représentés les emblèmes des litanies, avec, entremêlée, une très gracieuse guirlande de roses formant arabesque qui les relie : *Rosa mystica, turris davidica, turris eburnea, domus aurea, fœderis arca, janua cœli*, etc.

Un diplôme est scellé dans un creux pratiqué sur le fond à gauche ; nous ne pouvons préciser ce qu'il contient, probablement un rescrit du Saint-Père accordant des indulgences ou bien mentionnant la bénédiction qu'il donna à cette statue ou peut-être son origine précieuse. Nous savons que le buste fut présenté à Pie IX qui voulut bien le bénir et enrichit aussi la chapelle de précieuses indulgences.

Notamment par un bref en vertu duquel il accorde :

1° Une indulgence plénière aux conditions ordinaires, pour le jour de la fête de la Chapelle (qui a été fixée par l'Ordinaire au 8 septembre, fête de la Nativité de la Sainte Vierge) ou l'un des jours de l'octave, à toute personne qui s'étant confessée et ayant communié, visitera dévotement la chapelle et y priera selon les intentions du Souverain Pontife. Cette indulgence peut se gagner, à dater des premières vêpres de la veille de la fête, jusqu'au coucher du soleil du dernier jour de l'octave.

2° Une indulgence partielle quotidienne à toute personne qui, de cœur contrit et dévot, visitera ladite chapelle, une fois le jour, et y priera selon les mêmes intentions. Ces indulgences sont accordées et valables à perpétuité. Ce bref est déposé dans les archives de la paroisse de Sévérac-le-Château, ainsi qu'un rescrit relatif aux reliques.

Aussitôt que la restauration de la chapelle fut terminée, Mme Blanc fit don par acte public à Mgr l'évêque de Rodez, de la chapelle de Lorette, de celle de Saint-Joseph qui lui est contigue, de la sacristie, du mobilier, du clocher et autres dépendances ou servitudes pour le service de la chapelle, etc., etc.

Et le 18 septembre 1854, la cloche fut solennellement bénie dans l'église paroissiale de Sévérac, par M. l'abbé Viguier, vicaire. La marraine fut Mlle Rose Salze et la cloche porte les noms de Marie-

Rose-Constance : le parrain fut M. G. Durand. Un procès-verbal fut dressé de cette cérémonie et signé de plusieurs témoins. Ce procès-verbal se trouve aussi dans les archives de la paroisse.

Le lendemain, 19 septembre, fut un grand jour de fête pour la paroisse de Sévérac. Nous empruntons le récit suivant à un compte rendu de l'époque.

« C'est au milieu d'un grand concours de prêtres venus de tous les environs et d'une foule immense accourue de toutes les parties de la contrée, que le vénérable M. Unal, curé de Sévérac, bénit la pieuse chapelle, avec la haute approbation de Mgr l'évêque de Rodez.

» M. l'abbé Malzac de Millau, ancien directeur de Saint-Sulpice et l'un des pieux conseillers de Mme Blanc, fut le prédicateur de la fête. Après le sermon prononcé dans l'église paroissiale et dans lequel le prédicateur retraça l'histoire abrégée de Notre-Dame de Lorette, ainsi que les avantages de sa restauration et surtout les grâces sans nombre qui allaient en résulter pour les pieux pèlerins, une splendide procession se déroula avec un ordre parfait, conduisant jusqu'au sommet du monticule les files longues et recueillies de cette nombreuse assistance. Les chants enthousiastes témoignaient assez le bonheur de cette chrétienne population ; plusieurs même se souvenant encore d'avoir vu la pieuse chapelle dans sa splendeur primitive, pleuraient de joie de la voir rendue à sa destination première. Immédiatement après la bénédiction, une messe solennelle fut célébrée par M. l'abbé Viguier avec toute la pompe et tout l'éclat dignes d'une si belle fête.

» Cette cérémonie si touchante qui laissa dans tous les cœurs des souvenirs ineffaçables se termina par des chants et des adieux à Marie, dont rien ne saurait exprimer les douces et pieuses émotions.

» Daigne la noble hôtesse de Lorette compléter son œuvre et attirer dans sa demeure, au pied de ses autels, dans le lieu qui représente si bien l'humble toit où le Verbe éternel se fit chair et où il habita parmi nous ; une foule toujours croissante de pieux visiteurs et de dévots pèlerins. »

Un procès-verbal fut dressé de cette imposante cérémonie à la date du 19 septembre 1854 ; il est signé d'un grand nombre de témoins, parmi lesquels beaucoup de prêtres de la région, et il se trouve dans les archives de la paroisse.

Mais ce ne fut pas seulement par écrit que fut conservé le souvenir de ce pieux événement. Les populations heureuses de retrouver leur antique pèlerinage se sont chargées d'en perpétuer la mémoire.

A dater de cette époque on les vit reprendre avec ferveur et empressement leur pèlerinage traditionnel. Nous devons mettre en tête la paroisse de Lapanouse ; ses fidèles paroissiens n'avaient jamais oublié le vœu à la suite duquel leurs ancêtres avaient vu cesser une épidémie de peste qui les décimait.

Tous les ans le lundi de la Pentecôte, on les voit au nombre de 7 à 800, traverser dans un ordre parfait les rues de Sévérac avec leur clergé, leurs croix et leurs bannières, et au chant d'hymnes et de cantiques gravir la sainte colline. Pas un ne manque à l'appel.

Aussi la chapelle devient trop petite pour les contenir tous ; les femmes seules y prennent place, avec un chœur de chantres au lutrin, tandis que dehors le chœur des hommes groupés sur le plateau, répond à pleine voix les chants du *Gloria*, du *Credo* et de la *Préface*, avec tant de ferveur et d'entrain que de Sévérac, rien qu'à leur chant, on peut suivre les diverses parties de la messe. C'est un spectacle magnifique de voir la procession s'en revenir, toujours dans le même ordre en chantant le *Magnificat*. Elle se déroule d'abord à la descente du monticule, repasse à Sévérac, édifié de sa belle tenue ; et du seuil de la porte de la chapelle de Lorette on peut voir les pèlerins sur un parcours de 4 kilomètres au moins, jusqu'à leur rentrée à Lapanouse, tandis que de loin en loin la brise apporte quelques échos de leurs pieux cantiques. De pareils spectacles sont bien faits pour ranimer la foi, réconforter l'espérance et enflammer la ferveur.

Il y a peu d'années encore, le clergé paroissial de Sévérac en habits de chœur, croix et bannière en tête, allait attendre sur l'avenue de Rodez la procession de Lapanouse, pour lui donner l'accolade fraternelle et l'accompagner à Lorette ; tandis que les cloches de la paroisse de Sévérac sonnaient à toute volée annonçant par leurs joyeux carillons la cérémonie qui allait avoir lieu à Lorette et saluaient au passage le pèlerinage édifiant qui traversait la ville. Et toujours de nombreux fidèles de Sévérac, se faisaient une fête d'aller au devant de cette procession et de se joindre à sa suite comme pour lui faire les honneurs de la ville. Espérons que le zèle actif de notre nouveau pasteur viendra rétablir cet ancien usage, tout à la fois touchant et imposant, et qui du reste existe dans le diocèse partout où il y a un lieu de pèlerinage.

Sévérac se rend à Lorette en grand concours le 8 septembre, fête de la Nativité, pour y entendre la sainte messe, recevoir la bénédiction du Très Saint-Sacrement et gagner par une communion fervente l'indulgence plénière attachée à la visite de cette chapelle.

Il a aussi son jour de procession le jour de la fête de l'Ascension, et l'on a remarqué que tant que Sévérac est resté fidèle et assidu à son culte pour Notre-Dame de Lorette, celle-ci placée au milieu de la belle vallée, comme sur un splendide piédestal, arrêtait en quelque sorte et divisait de sa main puissante les orages de grêle, qui passant à droite et à gauche ravageait d'autres contrées, mais laissait Sévérac préservé.

Tous les dimanches du mois de mai, les paroisses voisines, Auberoques, Saint-Dalmazy, Saint-Chély, le Bourg, Vezoulliac s'échelonnent pour venir en procession rendre hommage à Notre-Dame de Lorette. La Lozère ne reste pas en arrière et amène annuellement les paroisses de Saint-Georges-de-Levejac, Latieule, Inos, le Roucous, etc., etc. Nous ne pouvons citer toutes celles qui, soit de l'Aveyron, soit de la Lozère, viennent par groupes, car tous les jours ou à peu près dans la belle saison de nombreuses messes y sont célébrées. Tantôt des familles entières, tantôt des groupes de pèlerins gravissent le coteau, et tour à tour chaque quartier dans les paroisses un peu populeuses. Puis ce sont les premiers communiants et les premières communiantes avec leurs robes blanches et leurs longs voiles qui viennent y entendre la messe d'action de grâces et mettre leur jeune ferveur sous la protection de Marie en y renouvelant leur première communion de la veille. Ce sont aussi de jeunes époux qui viennent au lendemain de leur mariage se mettre sous la protection de celle qui fut le modèle des épouses et des mères, ainsi que sous le patronnage de saint Joseph, afin de s'attirer leur secours dans les épreuves de la vie.

Par une coïncidence vraiment providentielle, la réouverture de cette chapelle eut lieu dans le cours de l'année à jamais mémorable qui devait illustrer le pontificat de Pie IX, par la proclamation du dogme de l'Immaculée Conception, et sans que les données humaines eussent pu prévoir cette coïncidence. De sorte qu'à jamais, d'âge en âge, le jubilé de l'Immaculée Conception demeurera étroitement lié avec l'anniversaire de la restauration de la chapelle de Lorette en 1854 et même avec celui de sa fon- dation en 1654.

Aussi nous ne pouvons passer sous silence les fêtes splendides et bien touchantes qui se rapportent aux premiers temps de sa restauration, et qui eurent lieu après la proclamation du dogme de l'Immaculée Conception. On se rappelle avec bonheur quel enthousiasme indescriptible accueillit en France cette sublime définition.

Les plus petits hameaux, comme les plus grandes villes, voulurent témoigner à Marie leur enthousiasme et leur joie. Partout avec le même entrain, la même ferveur, les fêtes succédèrent aux fêtes tout le long de cette année mémorable, piété, chants enthousiastes, décors merveilleux, illuminations ébouissantes se renouvelaient sans cesse.

Ces fêtes à Sévérac avaient été marquées par un redoublement de ferveur et d'enthousiasme, et le soir venu toutes les maisons illuminées à giorno, avec de loin en loin, un transparent ou une statue de Marie délicatement ornée, arrêtaient les groupes nombreux et animés qui parcouraient les rues, après avoir, dans l'église magnifiquement décorée, exalté la reine des Cieux qui en ce moment était aussi la Reine de la terre.

Dans une très éloquente allocution, M l'abbé Malet, alors vicaire à Sévérac, mort depuis curé de Buzeins, avait électrisé, avec sa chaude et entraînante parole, l'assistance nombreuse qui se pressait dans l'église trop étroite. L'émotion qui envahit le prédicateur et se communiqua à la foule, l'obligea à descendre de chaire, mais... pour aller entonner l'*Ave maris stella* de sa voix si expressive et d'une onction si communicative qu'en ce moment dans le public qui connaissait son ardente piété pour la Sainte Vierge, même les plus indifférents étaient émus jusqu'aux larmes.

Après cette émouvante cérémonie, la foule se répandit dans les rues, s'arrêtant à chaque petit oratoire pour reprendre en chœur les chants du *Magnificat*, de l'*Ave Maris stella*, plus loin du *Salve regina* et du *Regina cœli*, dont l'air allait alternant suivant les groupes.

En un mot, on ne peut exprimer pareil spectacle que nous avons seulement retrouvé à Lourdes plus tard.

Lorette voulut aussi avoir sa fête. Au jour choisi, dès le matin, de nombreuses messes se succédèrent. Ce jour-là, par un hasard presque providentiel, était marqué à Sévérac par un passage de troupes partant pour la Crimée. La chapelle de Lorette resta ouverte toute la journée et les fidèles s'y succédèrent pour prier et invoquer Marie. Les braves militaires de séjour à Sévérac ne furent pas les derniers. A un groupe militaire en succédait un autre. Les uns revenant à Sévérac allaient avertir leurs camarades qui montaient à leur tour et ainsi de suite. Plusieurs soldats voyant qu'on préparait sur le plateau des arcs de triomphe qui portait l'un le monogramme de Marie, un autre son cœur virginal, etc., etc., vinrent offrir leur concours pour aider à les édifier. Inutile de dire si leur aide fut acceplé avec empressement. Le soir venu tout le plateau s'illumina de mille feux, les arcs de triomphe resplendissaient, les tilleuls séculaires étaient parsemés d'étoiles brillantes, et tout le penchant du coteau alors planté de petits arbres auxquels de nombreuses lanternes vénitiennes avaient été suspendues, faisaient ressembler ces arbres dans la nuit à de gigantesques candelabres ; tandis que sur le plateau, dans la chapelle toutes portes ouvertes, la foule à laquelle était venue se joindre nos braves pioupious pour mettre leurs armes sous la protection de Marie, faisait retentir tous les échos des chants liturgiques si beaux ainsi que des pieux cantiques.

Enfin il fallut quitter ce sanctuaire béni, et tout le long du parcours encore des chants d'adieux montaient vers le Ciel, tandis que les groupes de pèlerins portant des lanternes vénitiennes formaient comme un serpent de feu. De Sévérac et de la vallée, l'on ne pouvait se lasser de contempler ce spectacle inoubliable et qui a laissé dans le souvenir de chacun les plus douces émotions. L'on a entendu des militaires dire : « C'est un des plus beaux jours de notre vie ! » et d'autres : « C'est vraiment superbe ! » ; plusieurs parlaient de leur mère et disaient : « Nous le lui écrirons et elle sera contente », tandis que sur les collines environnantes qui forment comme un cirque autour de Lorette les habitants des paroisses voisines quittant leurs demeures étaient venus de loin, émus et ravis, assister au triomphe de Marie Immaculée.

Que dire après de pareilles fêtes ? et cependant

le chapitre n'en est pas épuisé, il nous reste aussi à citer quelques visites remarquables et quelques pèlerinages plus marquants parmi les très nombreux qui se sont succédés depuis 50 ans, il faudrait d'ailleurs des volumes pour les raconter tous.

Lors de sa deuxième visite pastorale en 1861, Mgr Delalle étant de séjour à Sévérac en la fête de l'Ascension, voulut visiter la Sainte Chapelle, mais en grande cérémonie crosse en main et mitre en tête. A l'issue des vêpres, l'importante procession traditionnelle se mit en marche, portant sur un brancard la Vierge noire de Sévérac et la précédant avec enthousiasme dans sa marche triomphale (1).

Mgr Bourret a renouvelé aussi ce pèlerinage dans des circonstances analogues.

Mgr Costes, évêque de Mende, accompagné de son grand-vicaire et d'autres deux prêtres attachés à sa personne, voulut aussi la visiter et disait en souriant avec sa gracieuse bonhommie : « Je ne pouvais manquer de venir moi aussi rendre mes hommages à Notre-Dame de Lorette, en laquelle mes diocésains ont une si grande dévotion. Ce sont leurs louanges qui m'amènent ici ; ils m'ont dit tant de bien de cette bonne Mère. Ceux surtout de nos causses arides, lorsqu'ils ont besoin de pluie après une trop longue sécheresse, viennent la demander à Notre-Dame de Lorette et ils sont toujours sûrs de l'emporter le soir en rentrant. »

Les conférences de Saint-Vincent de Paul de Rodez et de Millau se sont données rendez-vous à Lorette. Millau est venu souvent par groupes nombreux avec ses beaux chœurs de chant et ses prêtres zélés. L'école apostolique des capucins de Millau (hélas aujourd'hui fermée) ne manquait pas d'y venir chaque année ; le séminaire arabe de Saint-Laurent-d'Olt y vint aussi à son heure, et

(1) En 1870, pendant la malheureuse guerre, et lors des processions qui eurent lieu dans toute la France à l'appel de Mgr Pic, évêque de Poitiers, le jour de la fête de la Présentation, la même statue fut portée à travers les rues de la ville par des enfants du pays.

(Note fournie par M. l'abbé V. de Labaume, curé actuel de Compeyre.)

combien d'autres. Mais il faut se borner. Aussi la bonne Vierge s'est plue à combler de ses faveurs les pieux pèlerins qui venaient l'implorer. Nous passons à regret sous silence de nombreux faits qui nous ont été racontés, mais nous n'avons pas qualité pour parler ici de faveurs extraordinaires qui auraient été obtenues par l'intercession de Notre-Dame de Lorette, il faudrait pour cela de minutieuses enquêtes, et mission de les faire, mais plusieurs ex-votos, si modestes soient-ils, en sont les preuves. Qui donc, d'ailleurs peut pénétrer dans le secret des cœurs !...

Notre-Dame de Lorette nous apparaît d'abord comme un lieu d'oraison et de prières où descendent doucement dans l'âme les célestes effusions de ses grâces virginales et les rafraîchissantes consolations de son cœur maternel.

Voilà pourquoi à votre pèlerinage à ce béni sanctuaire vous la prierez pour vous, vieillards blanchis par l'âge et qui approchez du paradis, afin qu'elle prolonge et qu'elle bénisse le soir de votre vie. Vous la prierez afin qu'elle vous assiste à l'heure redoutable et qu'elle vous ouvre les portes du Ciel.

Vous la prierez pour vous, hommes de l'âge mûr, qui portez le poids du travail et qui avez souvent tant de difficulté et de peine à mener toutes choses à bien dans la conduite de la vie, vous la prierez afin qu'elle vous aide, vous éclaire et vous dirige,

Vous la prierez pour vous, jeunes gens en proie aux tentations et aux orages de l'adolescence, afin qu'elle vous préserve de tout mal et qu'elle vous fasse la grâce d'employer au bien les énergies puissantes qui bouillonnent en vous.

Mais surtout elle est, et sera par excellence, la patronne de la Jeunesse catholique aveyronnaise, Marie qui fut élevée dans cette humble demeure en préparation, pour ainsi dire, de sa coopération au salut du genre humain.

Elle qui y éleva son divin fils, venu en ce monde pour sa régénération.

Jeunes gens catholiques de l'Aveyron, qui voulez avant tout rester attachés à votre foi, à votre Dieu, à votre Reine, tout en vous dévouant pour votre patrie, venez dans ces murs bénis, vous retremper dans vos viriles résolutions. Ces murs vous rediront la jeunesse du Christ Jésus, qui, là, dans le travail le plus humble, comme la plupart d'entre vous ; dans l'obéissance, la pureté, y prépara en quelque sorte le grand œuvre de la rénovation sociale. Nul, mieux que Marie dans son humble demeure, ne vous en indiquera les moyens et ne vous donnera la force de *tout restaurer dans le Christ.*

Vous la prierez pour vous aussi, jeunes filles, afin qu'elle garde de tout péril votre belle innocence et qu'elle vous embrase de l'amour du Seigneur.

Vous la prierez pour vous, enfants, afin qu'elle vous fasse grandir comme son divin Fils Jésus, en sagesse, en âge et en grâce devant Dieu et devant les hommes.

Vous la prierez, en un mot, populations chrétiennes de nos contrées agricoles, afin que sa main écarte de vous, de vos récoltes, de vos maisons tous les fléaux qui les menacent.

Mais surtout, familles chrétiennes, vous la prierez et la prendrez avec Joseph et l'Enfant Jésus pour les modèles et les gardiens de votre foyer. Près de cette sainte famille qui si longtemps habita l'humble demeure que votre cher pèlerinage vous représente, vous serez à l'abri de tout péril. Mais rappelez-vous que si vous voulez obtenir son efficace protection, et assurer sa demeure dans votre foyer, vous devez en écarter soigneusement toutes les choses qui peuvent la blesser ; nous n'en citerons que deux principales : le blasphème et la profanation du dimanche. Ne travaillez pas le dimanche, si vous voulez voir prospérer vos biens. Ne blasphémez pas si vous voulez être béni de Dieu. Soyez fidèles à la sanctification du dimanche par votre assiduité a bien entendre la messe et autres exercices religieux, et vous verrez la paix et la prospérité refleurir en vos demeures.

Et vous, voyageurs, qui passez au pied de sa colline, priez-là qu'elle vous protège dans vos voyages.

Pèlerins de Lorette, pèlerins de la vie. quand la fatigue, l'ennui ou l'épreuve nous accable, sachons nous consoler, nous encourager par cette pensée : JE VAIS AU MEILLEUR DES PÈLERINAGES, JE VAIS A L'ÉTERNELLE DEMEURE DE JÉSUS, DE MARIE ET DE JOSEPH. A TRAVERS LES PÉNIBLES SENTIERS DE LA VALLÉE DE LARMES. JE VAIS AU CIEL OU JE VERRAI JÉSUS, MARIE, JOSEPH, OU JE DEMEURERAI AVEC EUX TOUTE L'ÉTERNITÉ.

Bon pèlerin prenez courage,
Un phare vous apparaîtra,
Un guide ami vous soutiendra
Dans les fatigues du voyage.

XV

Fêtes jubilaires de Notre-Dame de Lorette. Appendice de la 2e partie.

L'an 1904 et le 18 septembre, toute la région Séveragaise était en fête afin de célébrer solennellement les jubilés de la chapelle de Notre-Dame de Lorette, près Sévérac-le-Château ;

Sa fondation en 1654 le 1er novembre ;

Sa restauration et sa réouverture au culte public, le 19 septembre 1854 ;

Dates qui, par une disposition de la Providence, se trouvent coïncider avec le Jubilé de l'Immaculée-Conception.

Voici en quels termes les journaux religieux de la région rendent compte de cette importante manifestation :

« Les fêtes jubilaires de Notre-Dame de Lorette près Sévérac-le-Château, ont été célébrées le dimanche 18 septembre avec une solennité et une piété particulièrement édifiantes.

» Rarement même, de l'avis de personnes ayant suivi de nombreux pèlerinages, le recueillement avait été aussi grand, et cela malgré que le nombre des pèlerins eut dépassé de beaucoup toutes les prévisions.

» Dès le matin, Millau arrive avec 350 pèlerins ; Compeyre, Aguessac. 150, et c'était un spectacle bien grandiose et bien impressionnant de voir accourir les différentes paroisses, soit de la Lozère, soit des environs, les unes montant directement en procession à Lorette, les autres venant se réunir à celle de Sévérac pour n'en former qu'une seule, chacune avec ses bannières, ses pavillons, venant rendre hommage à la Vierge bénie de Lorette, et à sa sainte demeure qui représente si exactement la Santa Casa.

» Plus de deux mille cinq cents pèlerins, délégués de plus de vingt paroisses, se trouvaient réunis à Lorette au moment de la grand'messe, célébrée en plein air par le zélé et si distingué archiprêtre de Notre-Dame de Millau, entouré d'un nombreux cortège de prêtres et d'une population émue et recueillie.

» Quel magnifique spectacle que cette messe solennelle célébrée devant un splendide panorama, et un horizon incomparable, au sommet de ce plateau, d'où le prêtre peut apercevoir et bénir les clochers de sept paroisses et les territoires d'au moins une dizaine d'autres !

» Pendant la cérémonie, malgré la foule si compacte que des groupes de jeunes gens avaient dû monter dans les tilleuls séculaires, pas le moindre bruit, pas le plus petit bourdonnement qui d'ordinaire, malgré le plus grand ordre, est inséparable des grandes foules, partout : respect, piété, silence.

Après le *Credo*, M. l'abbé Laplagne, à la parole si éloquente, à la voix si distincte s'exprime en ces termes : « Vous êtes accourus sur cette montagne, » pour y recevoir les préceptes que la Vierge de » Lorette vous donne par la voix de l'Eglise. Votre » foi vous y a conduits ; votre espérance restera

» grande malgré toutes les épreuves parce que
» vous êtes assurés du secours de Marie. Le sou-
» venir de ce que vous avez vu et entendu vous
» soutiendra dans la lutte ; et vous verrez la Vierge
» de Lorette venir vous tendre le précieux rameau
» qui vous sauvera du naufrage, comme autrefois
» la jeune fille tombée dans le Gave, vit venir à elle
» une belle dame, la Vierge, qui lui tendait un ra-
» meau d'or. »

» Combien nous regrettons de ne pouvoir insérer ici les magnifiques paroles de cet éloquent prédicateur, mais chacun a emporté dans son cœur le mémorial de ses ardentes exhortations et de ces belles fêtes.

» Après la grand'messe, M. le curé de Sévérac, qui a si bien présidé à toutes les cérémonies, a fait baiser les reliques à une multitude de pèlerins.

» Le défilé qui cependant a été très rapidement effectué grâce à la célérité de M. le curé, aidé de nombreux acolytes, grâce aussi à la disposition particulière des lieux qui exclue tout encombrement, le défilé, dis-je, a duré plus de 45 minutes, ce qui, d'après un observateur, montre en main, représente un chiffre de plus de 2000 pèlerins ; notons qu'un grand nombre s'étaient déjà dispersés pour aller prendre leur repas, ou regagner leur domicile afin d'être de retour pour les vêpres.

» A deux heures la récitation du chapelet a été bien édifiante, et le chant des vêpres comme celui de la grand'messe, exécuté par la Chorale de Millau, a été un vrai régal pour quiconque aime et apprécie la belle musique.

» M. le curé de St-Amans-de-Varès, qu'on retrouve toujours fidèle dans presque toutes les cérémonies religieuses de la contrée, retrace en termes émus l'historique de Notre-Dame de Lorette et de ses doubles anniversaires.

» A l'issue des vêpres, la procession se reforme beaucoup plus nombreuse que le matin, afin d'accompagner à Sévérac la statue antique que l'on dit échappée à la tourmente révolutionnaire, et que portent sur un élégant brancard de jeunes lévites, enfants du pays.

» Pendant toute la journée, et jusqu'à la chute du jour, les nombreux pèlerins, ne pouvant se résoudre à quitter le sanctuaire vénéré de Lorette, se sont succédés sans interruption. La récitation du rosaire, les cantiques sacrés, le salut du Saint-Sacrement donné par M. le curé de Compeyre ont eu lieu tour à tour. Rarement, on peut le dire, la piété des pèlerins avait été aussi ardente et aussi soutenue et les prières n'ont cessé que lorsqu'il a fallu regagner la gare pour le départ.

» Le soir venu, une brillante illumination retraçait en lettres de flammes multicolores l'*Ave Maria*, si souvent répété par les pèlerins, tandis que des verres de couleur disséminés dans le gazon, ressemblaient à de brillants scarabées, faisant leur ronde de nuit tout le tour du monticule. Combien nous avons regretté que le vent n'ait pas permis de disposer les lanternes vénitiennes et de faire la procession aux flambeaux qui eût été splendide avec cette affluence de pèlerins. Jamais, nous a-t-on dit à Sévérac, même dans les nombreuses et importantes foires de la localité, l'on n'avait vu la gare de Sévérac aussi remplie et aussi animée qu'en cette occasion, où, selon une pittoresque expression, tout était noir de monde.

» Nous recevons de tous côtés cette impression générale, que les pèlerins sont partis enchantés de leur journée à Lorette et des impressions qu'ils y ont recueillies ; et que tous à quelle paroisse et à quelle classe qu'ils appartiennent, se promettent de revenir encore plus nombreux, encore plus fervents. — X. (1) »

A l'issue de la grand'messe, les groupes nombreux de pèlerins s'échelonnent sur le gazon pour prendre leur réfection et c'est un coup d'œil

(1) Article paru dans la *Revue religieuse*, l'*Union catholique* et le *Messager de Millau*.

bien intéressant que de voir toute la colline animée par ces repas improvisés sur l'herbe, à l'ombre des arbres, dans le creux des rochers, et tout autour de la promenade ombragée, tandis que les ecclésiastiques, les organisateurs du pèlerinage et quelques invités se réunissent dans l'antique réfectoire des chapelains.

Voici en quels termes le docteur J.-A. Molinié s'est exprimé dans son toast au sujet de l'imposante manifestation du matin :

« Messieurs,

» Je crois pouvoir affirmer que depuis de longs siècles ces antiques salles voûtées étaient restées désertes. Aujourd'hui, le vieux réfectoire a vraiment retrouvé... tout un groupe de chapelains.

» Je reporte à ma qualité d'enfant du Séveraguais, passionnément attaché à la terre natale du causse, le plaisir de vous saluer ici ; et je le dois aussi à mes souvenirs d'enfant, qui, dès les jeunes années, me ramènent souvent ici et dans ce sanctuaire de Notre-Dame de Lorette, aux côtés de celles, si près de mon cœur, qui pendant plus de quarante ans s'efforcèrent de parer l'autel et de décorer le sanctuaire. Ah ! ces prières d'autrefois, les meilleures sans doute de la vie, me revenaient aux lèvres tout à l'heure au cours de la splendide manifestation du cinquantenaire.

» En même temps pendant que M. l'abbé Laplagne parlait et lançait son appel vibrant comme un air de clairon, c'est bien comme un souffle d'espérance, qui, malgré l'automne, montait vers moi de la riante vallée, qui montait vers nous tous, n'est-ce pas ?

» La grand'messe, célébrée par M. l'archiprêtre de Millau, combien elle paraissait imposante dans ce décor grandiose de la nature, que domina un instant l'hostie blanche du Sacrifice. Entre les temps de reprise des cantiques, un bruissement de frondaison glissait des tilleuls séculaires, sur le murmure de la foule, mystérieuse de piété.

» Vis-à-vis de Lorette le vieux château dominant le bourg auréolait ses ruines d'un rayon de soleil déjà adouci, et la pensée de tout ce qui passe et meurt au travers des âges, puissance des castes, gloire ou luxe des hommes, venait s'opposer au sentiment de tout ce qui persiste et toujours vit, dans l'infini de l'idéal religieux.

» Là-haut c'est un sépulcre d'hommes d'armes ; ici les pèlerins ont succédé aux pèlerins, en ce jour aussi nombreux qu'autrefois.

» Lorette vit encore parce que le Christ est immortel, Jésus, Dieu du crucifiement, mais aussi de la résurrection. Les pires persécutions passent ; ce lieu en vit de bien terribles, et cependant, de ce sol, jaillit sans cesse vivant sur le vieux tronc des traditions, le rejeton de foi aux pures fleurs mystiques.

» Lorette, mais c'est à notre époque surtout le symbole de la rénovation sociale souhaitée par le pontife si populaire Pie X qui veut « *restaurer toutes choses dans le Christ* ! » La Santa Casa, mais c'est une maison d'ouvriers, la maison idéale d'une famille d'artisans ! La Vierge, ici, mais c'est la bonne Mère des travailleurs, unis entre eux, soucieux de leur tâche, fiers du labeur accompli, rassurés bientôt dans leurs foyers par un plus juste salaire. Nos agriculteurs connaissent bien aussi le symbolisme démocratique de cette chapelle ; gais, endimanchés, venus nombreux aux jours de fête pareils à celui-ci. Vous exagérez ! pourrait-on m'objecter. Messieurs, je vous ai amené mon ami M. Th. Bo, président de l'association des hommes du faubourg Saint-Cyrice. Parlez-lui et demandez à ce vaillant si j'exagère. Il vous répondra par des chiffres au sujet de ses œuvres si pratiques, dès longtemps placées sous le patronage de Marie. Espérons donc..... !

» Je vous salue tous en terminant, messieurs.

» Et d'abord, l'aimable et zélé archiprêtre de cet arrondissement, M. le chanoine Constans ;

» M. le chanoine Vidal, curé du faubourg de Rodez, je puis bien le dire, un grand modeste ;

» M. l'abbé Laplagne, chef écouté des jeunes ;

» M. l'abbé Pineau, l'infatigable pèlerin que nous avons vu si souvent à Lourdes ;

» M. l'abbé Couderc, curé de Naves, mais ancien vicaire de Sévérac, dont le souvenir est resté si vivant parmi nous ;

» Mon parent, M. l'abbé de Labaume, petit-neveu d'un des derniers chapelains de Lorette, fervent jusqu'à chanter parfois en vers ce sanctuaire ;

» M. le curé de Sévérac qui a si bien présidé ces belles fêtes assisté de ses pieux auxiliaires ;

» Vous tous, prêtres de la région accourus si nombreux des paroisses environnantes de l'Aveyron et de la Lozère ;

» Et je lève mon verre à vous tous et en l'honneur de la Vierge Marie. »

A son tour M. l'archiprêtre se lève et dans une brillante improvisation remercie en termes délicats M. le curé de Sévérac, M. le docteur Molinié et tous ceux qui ont concouru à l'éclat de cette belle cérémonie. Il nous dit combien il a été heureux d'amener à Lorette un groupe si nombreux de pèlerins et termine en émettant l'espoir de revenir encore avec un plus grand nombre dans le cours des années suivantes.

D'autre part l'*Eclair* de Montpellier, organe régional du Sud-Ouest s'exprimait en ces termes :

« Les fêtes religieuses qui viennent d'avoir lieu au sanctuaire de Notre-Dame de Lorette, près Sévérac-le-Château, ont dépasse en beauté et en grandeur les espérances les plus optimistes. Les initiateurs peuvent se glorifier de la réussite de leur œuvre, car tout, jusqu'à la beauté du site, se prêtait admirablement à rendre imposante cette magnifique manifestation de foi religieuse.

» A six heures du matin, la vapeur nous emportait vers le gracieux sanctuaire. Le trajet fut aussi court que plein de gaîté et de charme. Et bientôt nous aperçumes, dominant le bourg de Sévérac, les ruines du vieux château, dernier vestige et précieux souvenir de la vaillance d'une race qui a disparu.

» Nous grimpons à Sévérac. Mais quelle vie ! quel mouvement ! C'est un vrai débordement de voitures et de pèlerins arrivant de tous côtés pour glorifier la Vierge de Lorette.

» Neuf heures sonnent, et aussitôt commence dans les rues du bourg et le long des sentiers conduisant au sanctuaire une interminable procession de douze à quinze cents pèlerins. La statue séculaire de la Vierge est portée triomphalement, acclamée par d'incessants « Ave ».

» Un autel a été dressé en plein air, à l'ombre des tilleuls séculaires. M. l'archiprêtre de Millau célèbre la messe solennelle. Les chants sont exécutés par la Chorale mixte de Notre-Dame, avec un incontestable talent, sous la direction de son chef distingué, M. Leguet.

» A l'Evangile, M. l'abbé Laplagne se lève, et de cette voix puissante, qui naguère encore frappait de ses échos les voûtes de la Basilique de Lourdes où la grotte sacrée de Massabielle, il donne à ses auditeurs le but du pèlerinage.

» Après avoir, avec une magnifique éloquence parlé et des souvenirs du passé et de nos espérances futures, il nous conjure de ne pas suivre dans la voie de l'apostasie, les rénégats et les parjures qui nous oppriment, insultant chaque jour notre foi, mais, au contraire, de rester toujours fidèles à notre drapeau et à notre Dieu.

» Il tient ainsi son auditoire, ravi et charmé, suspendu à ses lèvres pendant un temps, hélas ! trop court.

» A deux heures, les vêpres solennelles sont célébrées, chantées encore en plein air. Nous avons la bonne fortune d'entendre une voix sympathique, servie par un talent indiscutable, nous faire l'historique de N.-D. de Lorette. Nous avons nommé M. l'abbé Carrié, curé de Saint-Amans-de-Varès.

» Et, de nouveau, la procession se reforme pour

aller à l'église de Sévérac, assister à un salut solennel. Ajoutons que ce salut a été un vrai régal musical.

» Le soir, le sanctuaire de Lorette brillait de mille feux. Rien de beau et de féerique comme cet « Ave Maria », tracé avec des verres lumineux, dans l'obscurité de la nuit.

» Nous adressons, en terminant, le public hommage de notre reconnaissance aux initiateurs et organisateurs de ces belles fêtes. Cet hommage va d'abord à ce lutteur intrépide, à ce soldat infatigable qu'est M. le docteur Molinié ; à sa tante, Mlle Cabiron, qui, depuis plus de quarante ans, s'occupe, avec un dévouement inlassable, du sanctuaire de Lorette ; à M. le curé de Sévérac, enfin, qui a si bien dirigé toutes les cérémonies.

» A tous ceux qui, de près ou de loin, ont pris part à l'organisation de ces fêtes, nous disons merci et au revoir. »

Nous tenons à mentionner ici comme souvenir les noms que nous avons pu recueillir parmi les nombreux ecclésiastiques réunis à Lorette :

M. le chanoine Constans, archiprêtre de Notre-Dame de Millau, accompagné de ses deux vicaires.
M. le chanoine Vidal, curé du Sacré-Cœur de Rodez.
M. l'abbé Couderc, curé de Naves de Ceignac.
M. l'abbé Laplagne, vicaire à Saint-François à Millau.
M. l'abbé Pineau, aumônier de la Présentation.
M. l'abbé de Labaume, curé à Compeyre, avec son vicaire.
M. l'abbé Sarrouy, curé d'Aguessac.
M. l'abbé Chayriguès, curé de Gaillac.
M. l'abbé Carrié, curé de Saint-Amans-de-Varès.

M. l'abbé Trémouilles, curé de Lapanouse.
M. l'abbé Bernon, curé à Novis.
M. l'abbé Jean, curé à Auberoques.
M. l'abbé Bézier, curé au Bousquet.
M. l'abbé Lacan, curé à Saint-Privat.
M. l'abbé Rigal, curé à Saint-Grégoire.
M. l'abbé Pélegri, curé à Lavergne.
M. l'abbé Volpelié, curé à Saint-Chély.

Plusieurs ecclésiastiques de la Lozère et aussi de l'Aveyron dont nous regrettons de ne pas connaître les noms.

M. l'abbé Loupias, professeur à l'Institution Sainte-Marie, à Rodez.
M. l'abbé Lévesque, prêtre retiré.
M. l'abbé Saleil, professeur.

Terminons par les prêtres de la paroisse :

M. l'abbé Hugonenc, curé à Sévérac.
M. l'abbé Lafond, vicaire.
M. l'abbé Fabre, vicaire.

Nous devons remercier en terminant ces prêtres si nombreux accourus avec tant d'empressement dès le premier appel, chacun amenant son groupe de pèlerins, ce qui prouve combien ce pèlerinage est sympathique et aimé de toute la région. Dernièrement encore un prêtre de la Lozère, appartenant à une importante paroisse, nous disait combien les Lozériens étaient attachés à Notre-Dame de Lorette et combien ce culte augmentait d'année en année : « Au commencement de mon ministère dans cette localité, disait-il, le groupe annuel était d'une quarantaine, à présent nous sommes 150 pour le moins, et quoique nous ayons des lieux de pèlerinage plus rapprochés, c'est seulement à Lorette que nos paroissiens veulent venir ; ils tiennent beaucoup à cette dévotion. Aussi serons-nous fidèles à notre pèlerinage annuel du mois de mai. »

Lorette ! mais c'est avant tout la dévotion chère

aux familles chrétiennes, là près de Jésus, de Marie, de Joseph, chacun s'y sent à l'aise, et retrouve comme un nouveau chez soi près de cette humble famille d'artisans.

Allons-y donc avec confiance, Marie est toujours là avec la même puissance et la même bonté.

Vous donc qui aimez Marie, arrachez-vous quelques instants à vos occupations, montez sur la Sainte Montagne, allez vénérer votre Mère dans son sanctuaire et vous serez bien dédommagés de vos fatigues.

Plus d'une fois, en priant aux pieds des autels de Marie, vous avez senti une ferveur inaccoutumée ; aux pieds de Notre-Dame de Lorette, l'onction y devient plus sensible encore, vous en serez vous-même étonnés. Là, tout parle au cœur ; les pierres elles-mêmes ont une voix pour rappeler les plus touchants mystères de notre foi.

En entrant dans la Santa Casa, on croit entrer dans l'humble demeure de Nazareth, où Jésus passa les trente premières années de sa vie. C'est là qu'il travaillait avec saint Joseph, lui obéissant en toutes choses. C'est là que sa sainte Mère, assise à ses côtés, recueillait avec soin toutes les paroles qui sortaient de sa bouche divine. C'est là qu'il reçut le dernier soupir de son père adoptif et qu'il lui ferma les yeux.

Là, tout près de cet autel, est le petit oratoire où Marie priait avec ferveur lorsque l'ange vint lui annoncer qu'elle serait Mère de Dieu. Il semble que l'envoyé céleste est encore présent, et on ne peut se lasser de répéter avec lui : « Je vous salue, Marie, pleine de grâce, le Seigneur est avec vous ! » On continue avec sainte Elisabeth et avec l'Eglise, et on recommence avec une nouvelle ferveur et un plaisir nouveau toujours la même prière.

Ames pieuses, allez donc réciter le chapelet à Notre-Dame de Lorette ; et vous que de tels motifs ne touchent guère et qui voulez jouir avant tout, laissez-vous entraîner par la curiosité, et allez visiter le site magnifique de Lorette. La nature y est belle et mérite d'être vue ; et là peut-être au milieu de ce vaste horizon, dans le silence et le recueillement qui environnent cette humble demeure, sentirez-vous renaître dans votre cœur quelques sentiments religieux. Ecoutez la voix de l'Ange vous invitant à saluer Marie : « Ave Maria » ; avec lui, entrez dans l'oratoire en vous remémorant le mystère de l'Incarnation par lequel vous avez été rachetés, et que cette chapelle vous rappelle. Allez vous jeter aux pieds de Marie, patronne de la France, et si vous n'avez rien à demander pour vous, priez-là de toujours protéger notre patrie, afin qu'elle soit toujours glorieuse et fidèle à son Dieu !

SAINTE MÈRE DE DIEU, PATRONNE DE LA FRANCE,
PRIEZ POUR NOUS.

Nous avons au dernier moment l'avantage d'avoir pu nous procurer un résumé de la brillante allocution prononcée à Lorette par M. l'abbé Laplagne ; et bien que ce ne soit qu'un très court abrégé de ses éloquentes paroles, nous sommes heureuse de pouvoir l'insérer dans cette petite brochure.

ALLOCUTION

PRONONCÉE A LA MESSE SOLENNELLE

Ascende in montem..... et dabo leges et præcepta.

Gravis la montagne...... et arrivé au sommet, je te donnerai mes lois et mes préceptes.

BIEN CHERS FRÈRES,

Quand Dieu voulut donner à son peuple sa loi divine et sceller avec lui une alliance éternelle, il adressa à Moïse ces paroles : *Accende in montem... et dabo leges et præcepta ut doceas eos.* Gravis la montagne... et arrivé au sommet, je te donnerai pour les enseigner à mon peuple mes lois et mes préceptes.

Qu'il est doux et consolant, chrétiens, de surprendre ces belles et divines paroles sur les lèvres de Marie ! Elle veut nous faire entendre sa voix maternelle ; renouveler avec chacun de nous une alliance impérissable ; nous combler de ses grâces et de ses bienfaits ; nous rappeler, enfin, les lois et les préceptes de son divin Fils.

Pour cela, Elle nous a conviés à gravir *sa montagne de Lorette.* Et alors, pour répondre à son appel, nous nous sommes tous levés. Nous avons quitté nos maisons et nos villages..... et nous sommes venus, à travers nos chemins rustiques, contempler sa douce et rayonnante majesté.

Ramenons à trois idées principales les enseignements qui se dégagent de cette belle cérémonie.

La Chapelle de Lorette est ici sur cette montagne pour tous les pèlerins, comme pour tous les touristes que les ailes de la vapeur emportent au loin : 1° *Un signe de foi* et 2° *Un signe d'espérance.* Mais pour vous tous, enfants de la région de Sévérac, ce petit édifice est quelque chose de plus..... *c'est un glorieux Mémorial.*

1° Un signe de Foi. — Pourquoi, en effet, êtes-vous venus en si grand nombre, et quelques-uns de si loin ? Ah ! c'est parce que vous n'êtes pas des mécréants ; parce que vous ne rougissez pas du sceau sacré de votre baptême... ; parce que vous n'avez par arraché de vos cœurs cette vieille foi chrétienne qu'y déposèrent vos mères !... parce que vous n'êtes pas de ceux, dont il est dit quelque part dans nos Saints Livres : *que leur race ne sauvera pas Israël.*

Que vous disent encore ces vieux murs ? Ne vous chantent-ils pas à leur manière les divers articles de ce glorieux et immortel symbole dont on ne veut plus aujourd'hui ?... Aussi, j'ai hâte d'entendre sortir de vos mâles et robustes poitrines les notes, à la fois si belles et si enlevantes, de notre *Credo.*

2° Un signe d'Espérance. — *Et ipsa conteret caput tuum !...* Elle lui écrasera la tête !... Hélas ! oui, toutes les saintes causes qui vous faisaient naguère encore tressaillir de joie et d'allégresse, dont nous aimions à entendre le récit du haut de la chaire chrétienne, les voilà tout à coup devenues le sujet de larmes brûlantes et d'inexprimables angoisses.

La foi catholique dont la France a été, et est encore un des plus grands apôtres?... Que d'apostasies; et publiques et cachées!...

Ah! si nous avions la foi, nous comprendrions mieux la parole du Maître:

« Vous serez opprimés à cause de mon nom...
» mais, ayez confiance, j'ai vaincu le monde.

» Vous saignerez comme le raisin sous le pres-
» soir, vous pleurerez comme l'olive... vous serez
» un sujet de haine pour tous... mais ne craignez
» rien, vous les vaincrez comme je les ai vaincus
» moi-même!...

Ah! si nous avions la foi, nous comprendrions mieux encore ces paroles que je vous ai citées tout à l'heure en vous montrant la statue de Notre-Dame de Lorette: *Et ipsa conteret caput tuum*; Marie t'écrasera la tête!...

Que ces paroles divines, Mes frères, résonnent à vos oreilles comme le cri d'une suprême espérance! Que ces paroles ouvrent vos âmes *à une confiance sans bornes dans l'avenir!...*

3° LORETTE EST UN GLORIEUX MÉMORIAL. — En effet les enfants de Sévérac, ou ceux des paroisses voisines qui se rendent à Lorette, trouvent au pied de ces vieux murs des souvenirs et éprouvent des émotions, que les étrangers venus de loin ne sauraient connaître.

Cet édifice est le mémorial séculaire *de la foi* de vos pères et de *leur amour* pour Marie. C'est ici qu'ils venaient recommander à la divine Reine de la région *la pureté de leur vie*, et mettre sous sa puissante protection *leur persévérance* dans la pratique de ces vertus domestiques et ancestrales, qui étaient autrefois si en honneur dans nos foyers chrétiens.

C'est ici encore, qu'ils venaient puiser cette *cons-*

tance et cette fidélité à leur Dieu, qui les rendaient si courageux et si forts quand il fallait défendre ou revendiquer les libertés de son Eglise.

C'est ici, enfin, qu'ils venaient apprendre à vivre en chrétiens... à se conduire en chrétiens... à se montrer partout et toujours de vrais chrétiens.

Or, Mes frères, auriez-vous dégénéré ? Ne seriez-vous pas fidèles, comme vos pères, aux enseignements de votre foi ?... Les exemples et les traditions qu'ils vous ont légués sont-ils pour vous lettre morte ?... Et, s'ils sortaient de ces tombeaux que j'aperçois au loin, vous reconnaîtraient-ils comme leurs dignes héritiers et leurs vrais descendants ?... Mais le *Mémorial* est toujours là... debout !... éloquent reproche pour les uns, véritable stimulant pour les faibles, éternelle récompense pour les bons...

L'orateur termine en racontant, dans une superbe péroraison, le trait particulier à la fondation de Notre-Dame de Betharram, qu'il avait entendu tomber, quelques jours auparavant, des lèvres de Mgr Turinaz à la grotte de Lourdes.

Il en fait l'application à Notre-Dame de Lorette de Sévérac, et adjure son auditoire de faire sienne la devise des martyrs : « *Potius mori... quam fœdari !...* PLUTOT MOURIR, QUE RENIER NOTRE DIEU !... »

NOTRE DAME DE LORETTE, NOTRE PATRONNE,
PROTÉGEZ-NOUS.

NOTA. — *Se reporter à la page 20, chapitre II* :

Selon d'autres opinions très respectables aussi, la Sainte Vierge serait née à Jérusalem et voici cette tradition :

Dans un discours adressé aux pèlerins français à Jérusalem le 8 mai 1901, le Père Cré, des Pères Blancs d'Alger, gardiens de la basilique Sainte-Anne à Jérusalem, paraît avoir réuni les documents les plus probants au sujet du lieu de la conception et de la naissance de la Sainte Vierge.

Marie paraît bien, d'après les traditions orientales les plus anciennes, avoir vu le jour à Jérusalem.

« A l'entrée de la Basilique, dit-il, on peut lire les considérants d'un rescrit de la Sacrée Congrégation des Rites : « Au nombre des plus célèbres sanctuaires » de Jérusalem et de Terre-Sainte, il faut placer à juste » titre l'antique église consacrée à Dieu en l'honneur » de Sainte Anne, mère de la Très Sainte Vierge. C'est » là, comme le porte une constante tradition appuyée » principalement du témoignage de saint Jean Damas» cène et de saint Sophrone, patriarche de Jérusalem, » que s'éleva la maison où fut conçue et enfanté la » bienheureuse Vierge Marie elle-même. » (Ce rescrit à la date du 26 août 1880 a été approuvé par Léon XIII).

» Citons un ordre religieux : Pendant des siècles la Custodie de Terre-Sainte garda avec une piété et un dévouement poussés jusqu'au martyre, les principaux Lieux Saints de la Palestine. Où donc les Pères franciscains honoraient-ils le lieu sacré de la nativité de Marie ? Etait-ce à Nazareth dans ce sanctuaire plus auguste encore de l'Incarnation du Verbe dont ils avaient la libre et entière jouissance ? Non. Chaque année à la fête de sainte Anne, à celles de la Nativité et de l'Immaculée-Conception de Marie, les Pères donnaient de l'or aux musulmans, détenteurs de cette Basilique, et, chargés de leurs autels portatifs, descendaient par une lucarne dans les chapelles souterraines. Là en toute joie et dévotion, ils chantaient la messe et l'antienne imprimée encore dans leur processionnal : *Nativitas tuas* HIC *Dei Genitrix Virgo*... Votre naissance EN CE LIEU, Mère de Dieu toujours Vierge, a annoncé la joie à l'univers entier (1) ».

---

(1) Imprimerie des RR. PP. Franciscains, Jérusalem, 1855.

Si c'est la tradition orientale qui prévaut, la France a le droit de s'en réjouir puisque c'est cette église Sainte Anne dont la possession contestée, contribua à armer l'Europe en 1855 et à amener la guerre de Crimée, transformée presque en croisade afin d'assurer la liberté des catholiques en Terre Sainte. On sait que le chef de l'expédition avait confié ouvertement à Marie la protection et la gloire des armées françaises, en fixant le dernier assaut au 8 septembre en dépit des oppositions motivées, croyait-on, par les alliés protestants. Au jour indiqué, le général Pélissier commandait l'assaut prodigieux de Malakoff, et, Marie en ce jour de la Nativité, donnait la paix à l'Orient et à nos armées la victoire.

» Dans sa générosité chevaleresque. la France victorieuse n'imposa aucune rétribution à la nation vaincue, et ne sollicita rien de la reconnaissance Ottomane. MAIS EN 1856 L'EMPLACEMENT ET LES RUINES QUI RESTAIENT DE L'EGLISE SAINTE ANNE ÉTAIENT RENDUES A LA FRANCE en vertu des droits conférés par les anciennes capitulations, et nos consuls de France a Jérusalem MM. Botta et de Barrère en obtenaient la cession diplomatique et définitive, de sa majesté impériale le sultan Abdoul-Medjid.

» MARIE VENAIT DONC DE DONNER A LA FRANCE l'héritage de ses ancêtres, sa maison natale aux Français ; Marie autant que faire se pouvait était devenue FRANÇAISE. *Tu honorificentia populi nostri !* » (Extraits du discours du Père Cré, bulletin des Missions d'Afrique ; Des petits Bollandistes ; *Histoire de la Sainte Vierge* par l'abbé Lecanu.)

TABLE DES MATIÈRES

1000-12-04 — Rodez, imprimerie E. Carrère.

www.ingramcontent.com/pod-product-compliance
Ingram Content Group UK Ltd.
Pitfield, Milton Keynes, MK11 3LW, UK
UKHW022101260726
13993UKWH00001B/249